Hamburger Rechtsstudien
herausgegeben von Mitgliedern der Rechtswissenschaftlichen
Fakultät der Universität Hamburg
Heft 64

Die Kanalisierung der Haftung unter besonderer Berücksichtigung des Atomrechtes

von

Dr. PETER CONRAD MOHR

Hamburg

Berlin

Walter de Gruyter & Co.

1970

Archiv-Nr. 27.30.70.2

Druck: Felgentreff & Co., Berlin 61

Printed in Germany.

INHALT

EINFÜHRUNG

Wie kaum ein anderes Rechtsgebiet muß das Schadensrecht den jeweiligen wirtschaftlichen und sozialen Verhältnissen der Zeit entsprechen[1]). Es unterliegt deshalb ständigen Wandlungen, die im Laufe des letzten Jahrhunderts durch den Gesetzgeber, die Rechtsprechung und die Rechtswissenschaft ihren Ausdruck gefunden haben. Dies ist eine Erscheinung, die in sämtlichen Rechtsgebieten des Schadensrechtes aufgetreten ist und stets weiter wirkt; im Privatrecht zeigt sie sich besonders deutlich an der Entwicklung, die die Gefährdungshaftung genommen hat[2]); für das öffentliche Recht mag die Rechtsprechung des Bundesgerichtshofes zum enteignungsgleichen Eingriff als Beispiel dienen. Diese Entwicklungen haben ihren aktuellen Ausdruck in dem Referentenentwurf eines Gesetzes zur Änderung und Ergänzung schadensersatzrechtlicher Vorschriften gefunden, den das Bundesjustizministerium im Januar des Jahres 1967 veröffentlichte[3]).

Nur sehr am Rande finden sich in diesem Entwurf konkrete Äußerungen zu dem Thema, welches den Gegenstand dieser Arbeit bildet, zur Kanalisierung der Haftung; diese Rechtsinstitution ist bisher auch meist allein für das Atomrecht diskutiert worden. Die Haftung kanalisieren bedeutet, die Schadensersatzpflicht auf eine unter mehreren Personen zu lenken, die nach allgemeinen Vorschriften als Haftende in Betracht kommen.

Die vorliegende Untersuchung will der Frage nachgehen, wie weit diese Rechtsfigur schon dem geltenden Recht zugrunde liegt und in welcher Form sie der künftigen Entwicklung dienstbar gemacht werden kann. Wenn dabei häufig der genannte Referentenentwurf angesprochen werden wird, so zeigt dies, daß die Figur der Kanalisierung der Haftung für die Entwicklung des Schadensersatzrechts möglicherweise bedeutsam werden kann.

---

1) Referentenentwurf II, S. 10.
2) *Scheidwimmer*, VersR 1962, S. 677 (678).
3) Referentenentwurf II, S. 1.

Teil 1:

Schadenshaftung bei Tätermehrheiten

1. KAPITEL:

DEUTSCHE RECHTSORDNUNG

A. Vorbemerkungen zum Haftungssystem

Das deutsche Schadensersatzrecht wird nicht durch ein einziges Zurechnungsprinzip beherrscht. Die Schadensersatzordnung ist vielmehr — wie heute allgemeine Erkenntnis ist[4]) — durch das Zusammenwirken mehrerer gleichwertiger Zurechnungsprinzipien gekennzeichnet. Eine solche Ordnung wird seit Wilburg als offenes System bezeichnet[5]).

Dies macht es möglich, daß mehrere Schädiger einer geschädigten Person entweder aus einem oder aus mehreren Haftungsgründen verantwortlich sein können.

B. Außenverhältnis

I. Haftung aus einem Haftungsgrund

Kann mehreren Personen die Entstehung eines Schadens zugerechnet werden, so ist es von besonderem Interesse, in welcher Weise die Schadensordnung die Wertung zwischen den Interessen des Geschädigten und der Schädiger vornimmt. Diese Frage soll nachfolgend am Beispiel wesentlicher Kriterien, nach denen die Entstehung eines Schadens einer Person zugerechnet werden kann, zunächst für das deutsche Recht untersucht werden, und zwar zuerst für die Haftung mehrerer aus einem Haftungsgrund.

1. § 421 BGB – Vertrag

Verpflichten sich mehrere Personen in einem oder getrennten[6]) Verträgen zu einer Leistung, so haften sie als Gesamtschuldner, §§ 427, 431 BGB; handelt es sich bei der geschuldeten Leistung um eine teilbare, so gilt dies allerdings nur im Zweifel, also nicht, wenn etwas anderes vereinbart ist oder sich aus den Umständen ergibt.

---

4) *Larenz*, JuS 1965, S. 373.

5) *Larenz*, JuS 1965, S. 373 (379); *Wilburg*, Elemente, S. 27, 28, 29, 101, 102; *Wilburg*, AcP 163, S. 346, 347.

6) *Palandt-Gramm*, 27. Aufl., Anm 1 zu § 427, S. 355; *Enneccerus-Lehmann*, 15. Aufl., § 92 II 1 b, S. 366; *Erman-Westermann*, 4. Aufl., Anm. 2 zu § 427, S. 832.

Bei Gesamtschuldnerschaft ist jeder Schuldner verpflichtet, die gesamte Leistung zu erbringen, der Gläubiger aber nur einmal zu fordern berechtigt. Tritt eine Störung in der Abwicklung des Vertragsverhältnisses ein, und werden die Schuldner schadensersatzpflichtig, so sind sie auch bezüglich dieser gewandelten Pflicht Gesamtschuldner, soweit die Voraussetzungen der Schadensersatzpflicht in ihrer Person vorliegen[7]). Jedoch kann sich, sofern dies vereinbart ist, oder aber auch ohne besondere Abrede aus dem Gesamtinhalt und dem Zwecke des Rechtsverhältnisses auch eine größere Abhängigkeit der einen Obligation von der anderen ergeben, so daß z. B. für das Verschulden oder den Verzug eines Gesamtschuldners auch die übrigen einstehen sollen[8]).

Diesem Fragenkreis soll jedoch nicht speziell nachgegangen werden, da die Thematik der Kanalisierung der Haftung sich im wesentlichen auf deliktische Haftung begrenzt.

2. § 840 Abs. 1 BGB – unerlaubte Handlung

Sind für den aus einer unerlaubten Handlung entstehenden Schaden mehrere nebeneinander verantwortlich, so haften sie als Gesamtschuldner, § 840 Abs. 1 BGB; jeder ist verpflichtet, die ganze Leistung zu bewirken, der Gläubiger ist aber lediglich einmal berechtigt, die Leistung zu fordern.

§ 840 Abs. 1 BGB ist eine im Interesse des Verletzten geschaffene Vorschrift[9]); diese zeigt die folgende Erwägung besonders deutlich:

Ist der Schadensersatz in Geld zu leisten, §§ 249 Satz 2, 251 BGB, so handelt es sich bei der geschuldeten Leistung um eine teilbare[10]). Schulden mehrere Personen eine teilbare Leistung, so ist nach § 420 BGB im Zweifel jeder Schuldner nur zu einem gleichen Anteil verpflichtet. Das hat nicht nur den Nachteil, daß sich die Schadensabwicklung für den Gläubiger viel umfangreicher gestaltet. Der Gläubiger ist auch auf die Liquidität eines jeden der Schuldner angewiesen. § 840 Abs. 1 BGB begünstigt deshalb den Gläubiger, der Geldersatz verlangen kann, und ist insoweit als eine Ausnahme zu § 420 BGB anzusehen[11]), weil der geschädigte Gläubiger von jedem Schuldner stets die ganze Leistung verlangen kann.

§ 840 Abs. 1 BGB hat für den Gläubiger den weiteren Vorteil, daß er im Prozeß nicht im einzelnen darzutun braucht, welchen Beitrag der schädigende Schuldner zu dem Schaden geleistet hat. Es ist der Sinn dieser Norm, dem Gläubiger die nicht zumutbare Beweislast abzunehmen, wenn ungewiß ist, welche Handlung gerade den Schaden verursacht hat, sofern der Inanspruchgenommene überhaupt wegen Verschuldens für den Schaden aufzukommen hat[12]).

---

7) *Enneccerus-Lehmann*, 15. Aufl., § 92 II 4, S. 367; § 93 I, S. 368; *Erman-Westermann*, 4. Aufl., Anm. 3 zu § 427, S. 832; *Geigel*, 13. Aufl., S. 172.

8) *Enneccerus-Lehmann*, 15. Aufl., § 93 IV, S. 369.

9) *Erman-Westermann*, 4. Aufl., Anm. 3 zu Vorbem. vor § 420, S. 822.

10) *Erman-Westermann*, 4. Aufl., Anm. 1 zu § 420, S. 825.

11) Zum Ausnahmecharakter vgl. *Soergel-R. Schmidt*, 10. Aufl., Anm. 6 zu Vorbem. vor § 420, S. 539.

12) Motive zum BGB zu § 714, S. 738; BGH 11. I. 1956, VersR 1956, S. 127 (128).

3. § 840 Abs. 1 BGB – Gefährdungshaftung

In einer gleich bevorzugten Lage findet sich der Gläubiger, wenn der entstandene Schaden mehreren Personen auf Grund einer gesetzlich angeordneten Gefährdungshaftung zugerechnet werden kann.

a) Gefährdungshaftung als unerlaubte Handlung

In der Rechtsprechung[13]) und teilweise in der Literatur[14]) wird dieser Fall in direkter Anwendung des § 840 Abs. 1 BGB gelöst. Dabei wird die unerlaubte Handlung als ein objektiv widerrechtlicher, durch Tun oder Unterlassen begangener Eingriff in einen fremden Rechtskreis verstanden; das Verschulden wird nicht als notwendiger Bestandteil der unerlaubten Handlung angesehen.

Im 25. Titel — Unerlaubte Handlungen — des Bürgerlichen Gesetzbuches, so wird diese Meinung begründet, seien nicht nur Haftungstatbestände geregelt, die ein Verschulden voraussetzen. Vorschriften wie §§ 829, 833, 835, BGB[15]) seien nicht nur äußerlich dem Titel des Gesetzes über die unerlaubten Handlungen eingefügt worden; vielmehr seien sie durch diese Einfügung auch den allgemeinen Vorschriften des Titels über die rechtlichen Folgen der unerlaubten Handlungen, insbesondere über die Stellung mehrerer Haftpflichtiger zum Verletzten unterstellt worden[16]).

b) Gefährdungshaftung als eigener Haftungstatbestand

Demgegenüber wird eingewandt, der Begriff der unerlaubten Handlung im BGB werde maßgeblich von dem Verschulden bestimmt, so daß die Gefährdungshaftung nicht als Haftung aus unerlaubter Handlung angesehen werden könne[17]). Die Vertreter dieser Auffassung führen zwei Argumente in die Diskussion ein.

Erstens widerspreche es der natürlichen Auffassung, eine Haftung ohne Verschulden als Haftung aus unerlaubter Handlung zu bezeichnen. Die in den §§ 823 f. BGB geregelten Tatbestände der Tier- und Wildschadenshaftung könne man nicht als unerlaubte Handlungen benennen, da das Halten der Tiere erlaubt sei, das Wild nicht einmal gehalten und gehegt zu werden brauche, eine weitere Handlung des Ersatzpflichtigen aber nicht erforderlich sei[18]).

---

13) RG 24. XII. 1902, RGZ Bd. 53, S. 114 (119); 23. III. 1905, RGZ Bd. 60, S. 313 (315); 20. III. 1905, RGZ Bd. 60, S. 300 (304, 305); 11. I. 1915, JW 1915, S. 324 (325); 26. XI. 1928, RGZ Bd. 22, S. 320 (326); BGH 11. I. 1956; VersR 1956, S. 127 (128).

14) *Soergel-Schräder*, 9. Aufl., Anm. 1 zu § 840, S. 1398; BGB-RGRK-*Haager*, 11. Aufl., Anm. 2 zu Vorbem. vor § 823, S. 1153; *Geigel*, 13. Aufl., S. 173; *Larenz*, Schuldrecht II, 8. Aufl., § 68 II, S. 459.

15) Ersetzt durch die Vorschrift des Reichsjagdgesetzes v. 3. VII. 1935 RGBl. I, S. 549, diese wiederum ersetzt durch das Bundesjagdgesetz v. 29. XI. 1952 BGBl. I, S. 780.

16) Vgl. RG 20. III. 1905, RGZ Bd. 60, S. 300 (304, 305).

17) *Enneccerus-Lehmann*, 15. Aufl., § 230 I 1, S. 926; *Esser*, 2. Aufl., § 201 2 b, S. 829; *Erman-Drees*, 4. Aufl., Anm. 1 c zu Vorbem. vor § 823, S. 1679, 1680.

18) *Enneccerus-Lehmann*, 15. Aufl., § 230 I 1, S. 926; *Esser*, 2. Aufl., § 201 2 c, S. 829; *Erman-Drees*, 4. Aufl., Anm. 1 c zu Vorbem. vor § 823, S. 1679, 1680.

Zweitens könnten — wie unstreitig sei[19]) — ohnedies nicht alle im BGB geregelten Rechtsfolgen einer unerlaubten Handlung auf die Gefährdungshaftung angewandt werden; so sei etwa der Schmerzensgeldanspruch aus § 847 BGB nach einhelliger Meinung nicht auf die Gefährdungshaftung anwendbar[20]).

Auch nach dieser Ansicht haften aber mehrere Schädiger, die aus Gefährdungshaftung verantwortlich sind, dem Geschädigten als Gesamtschuldner. Dieses Ergebnis wird im Wege der Analogie zu § 840 BGB gewonnen[21]), ohne daß allerdings die Analogie näher ausgeführt wird.

c) Stellungnahme

Der Streit darüber, ob die Gefährdungshaftung als Haftung für unerlaubte Handlung angesehen werden kann, ist ausschließlich von theoretischer Bedeutung; auch diejenigen, die den Begriff der unerlaubten Handlung weiter fassen, ziehen daraus nicht die Konsequenz, etwa auch die Rechtsfolgen einander anzupassen.

Deshalb hat die Begriffsbildung[22]) allein systematischen Zwecken zu dienen; sie soll dazu beitragen, die Rechtsordnung übersichtlicher werden zu lassen und die Leitprinzipien erkennbar zu machen.

Unter diesem Blickpunkt ist es gerade nicht ausschlaggebend, daß die Rechtsfolgen verschieden ausgestaltet sind oder die Hauptfälle der Gefährdungshaftung[23]) nicht im 25. Titel des Bürgerlichen Gesetzbuches geregelt sind. Zur Übersichtlichkeit des Systems trägt es vielmehr bei, wenn man die Fälle der Haftung aus Verschulden einerseits, bloß rechtswidriger Handlung andererseits als Haftung aus unerlaubter Handlung zusammenfaßt. Diese Gruppe läßt sich dann der Haftung aus Vertrag gegenüberstellen.

Diese Begriffsbildung wird überdies dadurch gerechtfertigt, daß es gemeinsame Übergänge zwischen der Haftung mit und ohne Verschulden gibt: die Haftung aus vermutetem Verschulden, zum Beispiel im Rahmen der Haftung des Tierhalters, § 833 BGB. Diese Tatbestände bilden die Brücke der beiden Haftungsgruppen und fassen sie zusammen zur Haftung aus unerlaubter Handlung.

4. § 840 Abs. 1 BGB – bürgerlich-rechtlicher Aufopferungsanspruch

a) Rechtsprechung des Reichsgerichts

Anteilige Haftung, Haftung pro rata, soll nach der Rechtsprechung des Reichsgerichts und der überwiegenden Auffassung im Schrifttum für den bürgerlich-rechtlichen Aufopferungsanspruch[24]) gelten.

---

19) *Esser*, 2. Aufl., § 201 2 b, S. 829.

20) *Esser*, 2. Aufl., § 201 2 b, S. 829; *Erman-Drees*, 4. Aufl., Anm. 1 a zu § 847, S. 1859; *Geigel*, 13. Aufl., S. 117, 118.

21) *Enneccerus-Lehmann*, 15. Aufl., § 230 I 1, S. 926; *Esser*, 2. Aufl., § 201 2 b, S. 829.

22) Zur Begriffsbildung vgl. *Larenz*, Methodenlehre, S. 322; *Heck*, S. 56 (61—64).

23) § 7 StVG; §§ 1, 1 a HaftpflG; § 1 SHaftpflG; § 33 LuftVG; § 25 AtomG; § 22 WasserhaushaltsG.

24) Zu den Voraussetzungen dieses Anspruches vgl. BGH 15. VI. 1967; JZ 1968, S. 64.

Das Reichsgericht hat in seiner Entscheidung vom 21. April 1941[25]), auf welche sich die überwiegende Meinung ohne nähere Stellungnahme beruft[26]), dazu ausgeführt, der Aufopferungstatbestand trete an die Stelle der Abwehrklage. Es sei dann eine naheliegende Folge, daß der Anspruch gegen den einzelnen Klagverpflichteten nicht weiter gehen könne, als dieser mit der Abwehrklage in Anspruch genommen werden könne. Der Zahlungsanspruch solle dem Gläubiger eine Entschädigung für das Opfer gewähren, das er dem Schuldner bringen müsse. Jedem einzelnen Schuldner opfere der Gläubiger seine sonst begründete gesetzliche Abwehrstellung nur insoweit auf, wie er ihn anderenfalls auf Unterlassung in Anspruch nehmen könne. Das aber sei nur so weit möglich, wie die schädliche Einwirkung des einzelnen reiche. Jeder Schuldner, der nur einen gewissen Teil der Schadensursache setze, könne mit dem Aufopferungsanspruch auch nur zu einem gewissen Teile in Anspruch genommen werden. Es würde der Gerechtigkeit widersprechen, wenn jemand, der nur wenig zu einem großen Schaden beigetragen habe, auf das Ganze in Anspruch genommen werden könne. Deshalb müsse es in Kauf genommen werden, daß dem Geschädigten gewisse Schwierigkeiten erwachsen könnten, wenn er so zu einer Verteilung des Aufgeopferten unter mehrere Schädiger genötigt sei.

b) Abweichende Ansichten

Demgegenüber haben sich Herschel[27]), früher auch Westermann[28]) dafür ausgesprochen, auch in diesem Fall die Regeln über die Gesamtschuldnerschaft anzuwenden: der gesamtschuldnerische Ersatzanspruch könne als der Regelfall bezeichnet werden; durch die Ansicht des Reichsgerichts werde dem Geschädigten die Schwierigkeit aufgebürdet, die einzelnen Anteile der Schädiger an dem Schaden festzustellen.

c) Stellungnahme

Auch der bürgerlich-rechtliche Aufopferungsanspruch ist bereits dem Sinne nach als Rechtsfolge aus unerlaubter Handlung verstanden worden[29]). Diese Auffassung hätte konsequenterweise die Anwendung des § 840 Abs. 1 BGB zu Folge. Sie steht jedoch vereinzelt.

Des öfteren wird dieser Anspruch als Rechtsfolge aus Gefährdungshaftung begriffen, weil der Anspruch kein Verschulden voraussetzt[30]). Auch dann wäre § 840 Abs. 1 BGB anwendbar.

Schließlich wird der Anspruch als Rechtsfolge aus einem allgemeinen Haftungsprinzip, der Aufopferung, aufgefaßt, das aber unterschiedlich verstanden wird[31]).

---

[25]) RGZ Bd. 167, S. 14 (39) unter Berufung auf RG 30. III. 1939, SeuffA Nr. 92.

[26]) BGB-RGRK-*Haager*, 11. Aufl., Anm. 2 zu § 840, S. 1513; *Palandt-Gramm*, 27. Aufl., Anm. 1 zu § 840, S. 736; *Soergel-Schräder*, 9. Aufl., Anm. 2 zu § 840, S. 1398.

[27]) Deutsches Währungsarchiv 1940 Sp. 253.

[28]) *Erman-Westermann*, 3. Aufl., Anm. 3 zu § 421, S. 791.

[29]) OLG Celle 14. XI. 1924, JW 1925, S. 2491 (2492); dazu *Hemsen*, S. 84, 85.

[30]) *Hemsen*, S. 78, 88; s. auch *Esser*, Karlsruher Forum 1959, S. 39—41.

[31]) *Hemsen*, S. 26, 94; zuletzt BGH 15. VI. 1967, JZ 1968, S. 64 m. Anm. von *Hubmann*, JZ 1968, S. 66, 67.

aa) Wesen des Aufopferungsanspruchs nach der Rechtsprechung

Der allgemeine Aufopferungsanspruch ist von der Rechtsprechung in Rechtsanalogie[32]) zu einer Vielzahl von Vorschriften entwickelt worden, die diese Rechtsfolge für bestimmte Tatbestände der Aufopferung von Einzelinteressen vorsehen[33]); als deren wichtigste sind zu nennen §§ 904, 906 BGB, § 26 GewO. Diese Vorschriften regeln die hier interessierende Frage der Haftung mehrerer bei teilbarer Leistung nicht.

Tatbestandsmerkmal des Aufopferungsanspruchs ist nach der Rechtsprechung eine Einwirkung in eine Rechtsposition, die über das Maß dessen hinausgeht, was der Betroffene im allgemeinen zu dulden hat, gegen die gemäß § 1004 BGB vorzugehen ihm jedoch aus besonderen Gründen versagt ist[34]). Die Rechtsprechung vertritt die Auffassung, die Einwirkung sei rechtswidrig, weil sie über das Maß dessen hinausgehe, was im allgemeinen zu dulden sei.

Der Aufopferungsanspruch wird als Ausgleich für einen rechtswidrigen Eingriff gewertet.

bb) Sinn und Zweck des § 840 Abs. 1 BGB

§ 840 Abs. 1 BGB ordnet bei unerlaubter Handlung, zu der auch die Gefährdungshaftung zu zählen ist, gesamtschuldnerische Haftung an.

Zweck der Norm ist es, dem Gläubiger die nicht zumutbare Beweislast abzunehmen, wenn es ungewiß ist, welche der Handlungen gerade den Schaden verursacht hat, sofern der Inanspruchgenommene überhaupt wegen Verschuldens oder aus Gefährdungshaftung für den Schaden aufzukommen hat[35]).

cc) Schlußfolgerung

Da § 840 Abs. 1 BGB auch für bloß rechtswidrige nicht schuldhafte Eingriffe gilt, liegt es nahe, diese Vorschrift auch auf den Aufopferungsanspruch anzuwenden, zumal die ablehnenden Gründe des Reichsgerichts nicht zu überzeugen vermögen.

Dessen erstes Argument ist[36]), daß der Aufopferungsanspruch nicht weiter gehen könne, als die Abwehrklage, an deren Stelle er trete. Dem läßt sich entgegenhalten, daß es die Abwehrklage auch gegen schuldhaft rechtswidrige Beeinträchtigungen gibt, daß solche Abwehrklage ebenfalls nur gegen die konkrete Beeinträchtigung gerichtet ist, der Störer aber dennoch nach § 840 Abs. 1 BGB auf das Ganze haftet. Das Ausmaß der Abwehrklage bestimmt also nicht den Umfang des Schadensersatzanspruches.

Das Reichsgericht führt weiter aus, es würde der Gerechtigkeit widersprechen, wenn jemand, der nur wenig zu einem großen Schaden beigetragen habe, auf das Ganze in Anspruch genommen werden könne. Dieses Argument zielt auf eine einschränkende Auslegung des § 840 Abs. 1 BGB, denn es stellt diese Norm in Widerspruch zur Gerechtigkeit und berücksichtigt damit nicht ausreichend die in § 840 Abs. 1 BGB bewußt vorgenommene

---

32) Zur Rechtsanalogie vgl. *Bartholomeyczik*, S. 99, 100.
33) *Hemsen*, S. 12, 13, 14.
34) BGH 15. VI. 1967, JZ 1968, S. 64.
35) BGH 11. I. 1956, VersR 1956, S. 127 (128).
36) RG 21. IV. 1941, RGZ Bd. 167, S. 14 (39).

Wertung zugunsten des Gläubigers; andererseits wäre es dem Gläubiger kaum möglich, zu vollem Schadenersatz zu gelangen, den er müßte dem einzelnen Schädiger nachweisen, in welchem Umfange dessen Tun zum Schaden beigetragen habe. Das ist ein nur sehr schwer zu führender Beweis.

Die notwendige Wertung zugunsten des Gläubigers gilt aber gleichermaßen für den Aufopferungsanspruch. Wenn dem Betroffenen die Möglichkeit genommen wird, rechtswidrige Eingriffe abzuwehren, ihm ein Opfer zugunsten des Einwirkenden aufgenötigt wird, dann entspricht es einer ausgleichenden Gerechtigkeit, ihm die Durchsetzung seines Anspruchs zu ermöglichen und ihm nicht eine nahezu unüberwindbare Beweispflicht aufzuerlegen.

Deshalb sollte § 840 Abs. 1 BGB analog auf den Aufopferungsanspruch angewandt werden[37]).

5. § 840 Abs. 1 BGB nach dem Referentenentwurf 1967

Im Referentenentwurf wird vorgeschlagen, § 840 Abs. 1 BGB einen neuen Wortlaut zu geben:

> „Sind für einen Schaden auf Grund gesetzlicher Schadensersatzpflicht mehrere nebeneinander verantwortlich, so haften sie als Gesamtschuldner"[38]).

Wie es in der Begründung zu dem Entwurf heißt, soll damit klargestellt werden, „daß die nach dem bisherigen Wortlaut nur im Fall der unerlaubten Handlung ausdrücklich angeordnete gesamtschuldnerische Haftung mehrerer nebeneinander Ersatzpflichtiger für jedes Zusammentreffen gesetzlicher Schadensersatzpflichten gilt, wie das in der Rechtsprechung auch bisher stets angenommen wurde"[39]).

Die oben unter 4.) untersuchte und bejahte Frage, ob § 840 Abs. 1 BGB auch für den allgemeinen bürgerlich-rechtlichen Aufopferungsanspruch anzuwenden sei, soll, wie dieser Hinweis auf die Rechtsprechung zeigt, offenbar nicht in einem von der Rechtsprechung abweichenden Sinne geregelt werden. Möglicherweise ist dieser Fall auch übersehen worden.

Das kann aber nichts an der Feststellung ändern, daß dieser Fall nunmehr ohne weiteres von dem vorgeschlagenen Wortlaut erfaßt werden würde. Das entspräche der hier vorgetragenen Meinung.

II. Haftung aus verschiedenen Haftungsgründen

Die Frage, wie sich die Rechtslage gestaltet, wenn der Schaden von mehreren Personen verursacht worden ist, die aus verschiedenen Haftungsgründen verantwortlich sind, hat für den Geschädigten vor allem unter dem Gesichtspunkt Bedeutung, ob und in welcher Höhe er sich an die einzelnen Schädiger halten kann.

---

[37]) *Larenz*, Methodenlehre, S. 295 Fußn. 2 stellt den Grundsatz auf, dort wo der Grundgedanke einer Vorschrift oder der Zweck einer Regelung eine Analogie nahelege, man im Zweifel für die Zulässigkeit der Analogie und gegen einen Umkehrschluß entscheiden solle.

[38]) Referentenentwurf I, S. 6.

[39]) Referentenentwurf II, S. 136.

1. Verschuldungshaftung und Gefährdungshaftung

Der aus § 823 BGB verantwortliche Schädiger haftet der Höhe nach unbegrenzt; gemäß § 847 BGB hat er auch für den immateriellen Schaden Ersatz zu leisten.

Die Rechtsfolgen aus Gefährdungshaftung, die überwiegend in Sondergesetzen formuliert sind, unterscheiden sich davon erheblich. Die Ansprüche aus Gefährdungshaftung sind regelmäßig der Höhe nach begrenzt[40]). Nach ganz h. M. wird kein Ersatz des immateriellen Schadens bei Gefährdungshaftung gewährt[41]).

Eine ausdrückliche gesetzliche Regelung der Frage, wie sich die gegen verschiedene Personen gerichteten Ansprüche teils aus Verschuldens-, teils aus Gefährdungshaftung zueinander verhalten, findet sich im Bürgerlichen Gesetzbuch nicht. Jedoch ergibt sich die Antwort aus den Gesetzen, deren wesentlicher Inhalt die Statuierung der Gefährdungshaftung ist.

§ 9 HaftpflG und § 7 SHaftpflG bestimmen, daß die Ansprüche aus Gefährdungshaftung nicht diejenigen gegen andere Personen aus unerlaubter Handlung verdrängen, diese vielmehr unberührt bleiben sollen. Das gleiche gilt nach §§ 16 StVG, 42 LuftVG, 33 AtomG. Der Geschädigte kann also von jedem Schädiger Schadensersatz verlangen; die Schädiger haften gesamtschuldnerisch, § 840 Abs. 1 BGB ist anwendbar[42]).

2. Unerlaubte Handlung und Aufopferung

Obwohl Fälle dieser Art praktisch kaum denkbar sind, wird man auch beim Zusammentreffen von Ansprüchen aus unerlaubter Handlung und Aufopferung § 840 Abs. 1 BGB anwenden müssen. Weder verdrängt die unerlaubte Handlung den Anspruch aus Aufopferung noch ist das umgekehrt der Fall.

3. Unerlaubte Handlung und Vertrag

Auch Ansprüche aus Vertrag und unerlaubter Handlung schließen einander nicht aus, sofern sie gegen verschiedene Personen gerichtet sind[43]). Jedoch kann der Vertragsschuldner nie über den Teil des von ihm verursachten Schadens hinaus in Anspruch genommen werden, da § 840 Abs. 1 BGB hier nicht anwendbar ist.

---

[40]) § 12 StVG; § 4 SHaftpflG; §§ 7 a, 7 b HaftpflG; § 37 LuftVG; § 38 AtomG.

[41]) S. oben, S. 6, Fußnote 20; Ausnahme § 53 LuftVG.

[42]) *Enneccerus-Lehmann*, 15. Aufl., § 257 II, S. 1034; § 254 2, S. 1021; *Palandt-Gramm*, 27. Aufl., Anm. 1 zu § 840, S. 736; *Erman-Drees*, 4. Aufl., Anm. 2 b zu § 840, S. 1836, 1837; *Geigel*, 13. Aufl., S. 173.

[43]) Die Frage, ob und inwieweit Delikts- und Vertragsansprüche miteinander konkurrieren, ist sehr streitig gewesen, soweit die Ansprüche sich gegen eine und dieselbe Person richteten; vereinzelt nahm man an, daß die Deliktsvorschriften durch die schuldrechtlichen Sondervorschriften verdrängt würden. Durchgesetzt hat sich im Anschluß an eine Entscheidung des RG v. 13. X. 1916 (RGZ Bd. 88, S. 433 (435)) die Auffassung, daß Vertrags- und Deliktsrecht grundsätzlich nebeneinander zur Anwendung kommen; vgl. *Enneccerus-Lehmann*, 15. Aufl., § 232 1, S. 934, 935; BGH 28. IV. 1953, BGHZ Bd. 9, S. 301 (302).

III. Zusammenfassung

Das Gesetz schützt die Interessen des Geschädigten in ihrem vollem Umfang, um sicherzustellen, daß der Geschädigte auch tatsächlich Ersatz für den erlittenen Schaden erhält. Um dieses Zieles willen müssen die Schädiger auch für solche Teilschäden einstehen, die sie möglicherweise nicht verursacht haben, weil es dem Geschädigten nicht zugemutet werden kann, den Beweis zu erbringen, welchen Beitrag zu dem Schaden der einzelne Schädiger bewirkt hat.

Diese schwierige Beweislage auf Seiten des Geschädigten führt also dazu, daß die Schädiger im Außenverhältnis füreinander einzustehen haben, obwohl sie nichts als der von ihnen verursachte unteilbare Schaden verbindet.

C. Innenverhältnis

Soweit sich aus den Ausführungen unter B ergibt, daß die Geschädigten Gesamtschuldner sind, findet nach deutschem Recht eine Ausgleichung unter ihnen statt.

Für diese Ausgleichung hat das Gesetz Regeln aufgestellt, die gewährleisten sollen, daß jeder Schuldner nur den ihm zurechenbaren Schaden tragen solle[44]). Die einzelnen Haftungsgründe (Verschuldenshaftung, Gefährdungshaftung) werden dabei grundsätzlich einander gleichgestellt, so daß nicht entscheidend ist, aus welchem Haftungsgrund der einzelne Schädiger verantwortlich ist, sondern inwieweit seine Handlung für den Schaden ursächlich war.

Auf die einzelnen Regelungen des Gesetzes zu diesem Fragenkreis wird im Teil 2 der Arbeit spezieller einzugehen sein[45]).

D. Zusammenfassung

Das deutsche Recht gestaltet die Stellung des Geschädigten sehr stark aus. Der Geschädigte kann grundsätzlich von jedem Verursacher eines Schadens den vollen Ersatz verlangen.

Im Innenverhältnis soll jeder Schädiger nur den von ihm verursachten Schaden tragen.

2. KAPITEL:
RECHTSVERGLEICHUNG

Im folgenden soll ein Überblick über die Behandlung der Schadenshaftung bei Tätermehrheiten in verschiedenen Ländern gegeben werden. Dieser Überblick beschränkt sich auf das französische, englische, amerikanische, schweizer und österreichische Recht. Der Zweck dieses Überblickes ist folgender: Ein Hauptargument gegen die Einführung der rechtlichen Kanalisierung der Haftung in das deutsche Atomrecht, welche einen Anlaß dieser Untersuchung bildet, besteht darin, daß diese Regelung gegen die Grundzüge

---

44) Vgl. § 426 BGB; § 8 SHaftpflG; § 9 b HaftpflG; § 41 LuftVG; § 17 StVG.

45) S. unten, S. 40—43.

der deutschen Rechtsordnung verstoße und deshalb nicht eingeführt werden könne[46]). Andere Länder haben das gleiche Problem zu bewältigen gehabt. Dies zu veranschaulichen soll Zweck der nachfolgenden Darstellung sein.

1. Abschnitt: Französisches Recht

A. Vorbemerkungen zum Haftungssystem

Die Haftung für Schäden ordnet sich nach französischem Recht in drei Gruppen.

Die erste betrifft die Verantwortlichkeit für eigenes Handeln[47]), die zweite die Haftung für angestellte und abhängige Personen[48]), die dritte schließlich die Verantwortlichkeit für Schäden aus Sachen, die dem Gewahrsamsinhaber auferlegt ist, und die besondere Haftung für Gebäude und Tiere.

Die Haftung in den ersten beiden genannten Gruppen ist Haftung für Verschulden, eigenes bzw. fremdes und führt zu ähnlichen Ergebnissen wie das deutsche Recht[49]).

Eigentümlich ist dem französischen Recht die Haftung für Schäden durch Sachen. Gemäß art. 1384 al 1 c.c. obliegt sie demjenigen, der die Sache im Gewahrsam hat; sie ist nicht an das Eigentum geknüpft.

Nach h. M. ist auch diese Haftung für Sachen eine Verschuldenshaftung[51]). Indes braucht der Geschädigte das Verschulden nicht zu beweisen, vielmehr kehrt sich die Beweislast um, es besteht eine Haftungsvermutung[52]). An den Entlastungsbeweis werden äußerst strenge Anforderungen gestellt[53]). In einer Entscheidung der Vereinigten Senate des Cassationshofes vom 13. Februar 1930[54]) hat das Gericht ausgeführt, es reiche für die Entlastung nicht aus, wenn der Gewahrsamsinhaber den Nachweis erbringe, keinen Fehler begangen zu haben. Eine Exkulpation ist nur möglich bei einem unabwendbaren Ereignis, höherer Gewalt oder fremder Einwirkung.

So wird denn auch die Ansicht vertreten, daß es sich hier — in den praktischen Ergebnissen — um eine Haftung ohne Verschulden handelt[55]).

Gesetzlich ist die Haftung ohne Verschulden für Luftfahrzeuge und Drahtseilbahnen[56]) sowie für Arbeitsunfälle[57]) angeordnet. Im übrigen ist

---

46) S. unten, S. 103—104.

47) Art. 1382 c. c. „Tout fait, quelconque de l'homme qui cause à autrui un dommage, oblige celui par la faute duquel il est arrivée à le réparer. Art. 1383 c. c. Chacun est responsable du dommage qu'il a causé non seulement par son fait mais encore par sa négligence ou par son imprudence.

48) Art. 1384 al 4, 5, 6 c. c.

49) Art. 1384 al 1 c. c. On est responsable non seulement du dommage que l'on cause par son propre fait, mais encore de celui, qui est causé par le fait des personnes dont on doit répondre, ou des choses, que l'on a sous sa garde.

50) *Buxbaum*, S. 45.

51) *Buxbaum* m. w. Nachw., S. 46.

52) *Schindel*, S. 183, 184.

53) *Piérard*, S. 56.

54) *Chambres* réunies, 13. II. 1930 Dalloz 1930 1, 57 rapport le Marc 'hadour.

55) *Piérard*, S. 56, 57; *Schindel*, S. 184.

56) *Piérard*, S. 57.

57) *Schindel*, S. 184.

die Haftung ohne Verschulden auch im französischen Verwaltungsrecht bei gefährlicher Tätigkeit bekannt[58]).

B. Außenverhältnis

Das französische private[59]) Deliktsrecht besitzt keine dem § 840 BGB vergleichbare Vorschrift über die Haftung mehrerer, die einen Schaden verursachen. Die vertragliche Gesamtschuld, die in art. 1200 ff. c.c. geregelt ist, wird nur in einigen Fällen[60]) außerhalb des Vertragsrechtes für anwendbar erklärt.

Wo der Code Civil zwei Personen für denselben Erfolg verantwortlich macht — z. B. Geschäftsherren und -gehilfen — hat die herrschende Meinung ständig Haftung „in solidum" angenommen[61]): jeder schuldet zwar die ganze Leistung, aber Tatsachen, die in der Person eines Schuldners eintreten, wirken nur für und gegen diesen Schuldner[62]). Von der solidarischen Haftung unterscheidet sich die Haftung „in solidum" hauptsächlich im Innenverhältnis[63]).

Wann außerhalb der gesetzlich angeordneten Fälle der Dritthaftung mehrere Personen für denselben Erfolg haften, wird nach der Verursachung und zwar im Sinne der Bedingungslehre beurteilt. Gleichgültig, ob es um vorsätzlich gemeinsam Handelnde geht, oder ob ein Schaden zufällig durch das Zusammentreffen mehrerer unerlaubter Handlungen entstanden ist, Gesamthaftung gilt immer nur bei Gesamtverursachung. Wie die Gesamtschuld des deutschen Rechtes, so beruht auch die Gesamthaftung des französischen Rechts auf der Anwendung der Bedingungslehre[64]) und der rechtspolitischen Entscheidung, den Geschädigten so schnell und sicher wie möglich in den vorigen Zustand zu versetzen[65]).

Der Grundsatz der Haftung in solidum gilt nach überwiegender Meinung sowohl im Falle der allgemeinen Verschuldenshaftung, art. 1382 c.c., wie auch im Falle der besonders augestalteten Haftung für Sachen[66]), art. 1384 c.c.[67]). Er gilt auch beim Zusammentreffen dieser Tatbestände[68]). Jüngere Entscheidungen des Kassationshofes zum Zusammentreffen von Verschul-

---

58) *Piérard*, S. 57.

59) Etwas anderes gilt im Strafrecht, Art. 50 c. pen.. Als Gesamtschuldner haften alle Personen, die wegen desselben Verbrechens oder Vergehens verurteilt worden sind, für die Geldstrafen, die Restitution, den Schadensersatz und die Kosten.

60) Art. 1033, 1442 c. c.

61) *Buxbaum*, S. 47.

62) *Schaeffer*, RabelsZ 28 (1964), S. 676 (701).

63) *Buxbaum*, S. 48.

64) *A. Tunc* hat vom Standpunkt der Adäquanzlehre die anteilige Haftung der mehreren Verursacher vorgeschlagen, wobei die Beträge der einzelnen etwa wie im Verhältnis zwischen Beklagtem und mitverursachendem Kläger bestimmt werden sollen; vgl. *Mazeaud-Tunc*, 5. Aufl., no 1443; no 1947.

65) *Mazeaud-Tunc*, 5. Aufl., no 1639.

66) S. oben, S. 12.

67) *Mazeaud-Tunc*, 5. Aufl., no 1947.

68) *Buxbaum*, S. 48.

dens- und Verursachungshaftung sind allerdings von der Gesamthaftung zur anteiligen Haftung übergegangen[69]); damit wird der Schädiger geschützt, der im Innenverhältnis keinen Ausgleich zu erlangen vermag. Ob diese Entscheidungen den Untergang der Haftung in solidum und den Aufstieg einer am Verschulden orientierten anteiligen Haftung für das französische Recht ankündigen, steht noch dahin.

C. Innenverhältnis

Bis zu einer Entscheidung des Kassationshofes aus dem Jahre 1956[70]) war die Regelung über den Ausgleich mehrerer Schädiger im Innenverhältnis sehr umstritten[71]). In dieser Entscheidung, nach der sich eine feste Praxis gebildet hat, hat der Kassationshof die Vorschriften über den Ausgleich in dem Innenverhältnis von vertraglich begründeten Gesamtschulden, art. 1213, 1214, 1251 c.c.[72]) auf die Haftung in solidum für anwendbar erklärt. Art. 1213 c.c. ist wie § 426 BGB dahin zu lesen, daß nur im Zweifelsfall die Haftung nach Köpfen eintritt. Zwischen Schuldnern aus Delikt findet üblicherweise eine Abwägung nach Maß des Verschuldens statt[73]).

Wo die Haftung auf vermutetem Verschulden beruht, art. 1384 c.c.[74]), oder sich das Maß des Verschuldens nicht feststellen läßt, gilt die für den Zweifelsfall anwendbare Rechtsregel, d. h. es wird nach Köpfen gehaftet[75]). Auf das Maß der Verursachung wird nicht abgestellt.

D. Zusammenfassung

Die französische Regelung über die Haftung mehrerer Verursacher eines Schadens ist durch die grundsätzliche Entscheidung bestimmt, dem Geschädigten so schnell und sicher wie möglich zum Ersatz des ihm entstandenen

---

[69]) Cass. civ. 9. III. 1962, Recueil Dalloz 1962, S. 625.

[70]) Cass. civ. 19. II. 1956, Recueil *Dalloz* 1956, 303.

[71]) Vgl. *Mazeaud-Tunc*, 4. Aufl., no 1971.

[72]) Art. 1213 c. c. L'obligation contractée solidairement envers le créancier se divise de plein droit entre les débiteurs, qui n'en sont tenus entre eux que chacun pour sa part et portion.
Art. 1214 c. c. Le codébiteur d'une dette solidaire, qui l'a payée en entier, ne peut répeter contre les autres que les parts et portions de chacun d'eux.
Si l'un d'eux se trouve insolvable, la perte qu'occassionne son insolvabilité se repartit par contribution entre tous les autres codébiteurs solvables et celui qui a fait le payement.
Art. 1251 c. c. La subrogation a lieu de plein droit:
1° Au profit de celui, qui étant lui même créancier, paye un autre créancier lui est préferable à raison de ses privilèges au hypothèques;
2° Au profit de l'acquéreur d'un immeuble, qui emploie le prix de son acquisition au payement des créanceurs aux quels cet héritage était hypothèque;
3° Au profit de celui qui, étant tenu avec d'autres ou payement de la dette, avait intérêt de l'acquitter;
4° Au profit de l'héritier bénéficiaire, qui a payé de ses deniers les dettes de la succession.

[73]) Cass. civ. 22. XII. 1959, Recueil Dalloz 1960, 165; *Mazeaud-Tunc*, 5. Aufl., no 1937.

[74]) S. oben, S. 12.

[75]) Cass. civ. 15. XI. 1956, Gazette du Palais 1957, 1, 149; *Mazeaud-Tunc*, 5. Aufl., no 1937.

Schadens zu verhelfen. Jeder Schädiger ist dem Geschädigten zum Ersatz des vollen Schadens verpflichtet. Im Innenverhältnis unter den Schädigern soll jeder nur nach Maßgabe seines Verschuldens haften. Wird ein Verschulden nicht festgestellt, so wird nach Köpfen gehaftet.

2. Abschnitt: Englisches Recht

A. Vorbemerkungen zum Haftungssystem

Soweit nicht besondere Gesetze vorhanden sind, gelten in Großbritannien sowie in den meisten seiner einstigen Kolonien, insbesondere den USA, für die Haftung aus unerlaubter Handlung diejenigen Grundsätze des „Common Law", die in ihrer Gesamtheit als das „Law of Torts" bezeichnet werden[76]). Das Common Law kennt keine allgemeinen Anspruchsgrundlagen für den Schadensersatz. Es enthält vielmehr eine Mehrheit verschiedener Anspruchsnormen, deren Anwendbarkeit sich nach der Art des Schadens richtet[77]). Die dabei im Common Law entwickelten Haftungsgrundlagen „Trespass", „Nuisance", „Negligence", „Strict liability" erfassen im wesentlichen die gleichen Sachverhalte, die das deutsche Recht unter unerlaubter Handlung und dem allgemeinen bürgerlich-rechtlichen Aufopferungsanspruch begreift[78]).

B. Außenverhältnis

Im englischen Recht hat man zwei Schädigergruppen zu unterscheiden: die durch gemeinsames Tun (joint torts)[79]) und die durch gemeinsame Verursachung ohne gemeinsames Tun (several concurrent torts)[80]) verbundenen Schädiger. Für das Außenverhältnis gilt folgendes:

Jeder an joint torts Beteiligte (joint tortfeasor) haftet auf das Ganze. Der Geschädigte kann jeden in Anspruch nehmen; wird er von einem Schädiger befriedigt, so erlöschen die Verpflichtungen der anderen[81]).

Der Anspruch aus joint torts wurde im englischen Recht zunächst als einziger unteilbarer Anspruch behandelt, der auch prozessual nur einmal geltend gemacht werden konnte. Mit dem Erlaß des Urteils ging der Anspruch unter, da er im Urteil aufging[82]). Die Folge dieser Vorstellung war, daß auch ein mangels Masse nicht durchsetzbares Urteil der Klage gegen einen weiteren an joint torts Beteiligten, der nicht von vornherein mitverklagt worden war, entgegenstand[83]).

Diese dem Geschädigten ungünstige Regelung wurde als unbefriedigend empfunden. Der Gesetzgeber änderte die Rechtslage dahin, daß der Gläubi-

---

76) *Schindel*, S. 68.
77) *Schindel*, S. 69.
78) *Schindel*, S. 68—92.
79) *Buxbaum*, S. 75.
80) *Buxbaum*, S. 80.
81) *Buxbaum*, S. 73.
82) *Buxbaum*, S. 73.
83) Leading Case war Brinsmead *v. Harrison* (1872) L. R. 7, C. O. P. 547.

ger die einzelnen Schuldner verklagen und die Gesamtschuld aus verschiedenen Einzelurteilen vollstrecken kann[84]).

Diese Rechtslage bestand von vornherein bei den several concurrrent torts, deren wichtigster Anwendungsfall der Zusammenstoß von Kraftfahrzeugen ist. Jeder Beteiligte haftet für den gesamten Schaden, da er eine notwendige Bedingung gesetzt hat. Die Verpflichtungen sind materiell rechtlich und prozessual getrennt[85]).

C. Innenverhältnis

Im frühen Common Law stand dem Schuldner, der den Schaden ausgeglichen hatte, kein Anspruch gegen den Mithaftenden zu[86]). Bei der im Common Law bestehenden engen Verwandtschaft von Strafrecht und Deliktsrecht war es nicht denkbar, daß die unerlaubte Handlung zur Inanspruchnahme eines Gerichtes führen könnte. Mit dem Vordringen der „Negligence" als einer eigenständigen unerlaubten Handlung wurde es aber notwendig, das Verbot eines Innenausgleiches auf Fälle vorsätzlicher gemeinsamer Schadenszufügung zu beschränken[87]).

Diese Entwicklung wurde fortgeführt durch Gesetz. Dieses Gesetz schafft einen Ausgleichsanspruch gegen jeden Täter, der für denselben Schaden verantwortlich ist[88]). Die Höhe des Ausgleichsanspruchs wird vom Gericht unter Berücksichtigung aller Umstände des Einzelfalles festgesetzt[89]).

D. Zusammenfassung

Auch das geltende englische Recht ist von dem Willen gekennzeichnet, dem geschädigten Gläubiger schnell und umfassend zum Ersatz des erlittenen Schadens zu verhelfen: der Gläubiger kann von jedem Schuldner den Ersatz des vollen Schadens verlangen. Das Innenverhältnis wird gekennzeichnet durch eine besondere Flexibilität; der Richter ist nicht an starre Regeln über den Ausgleichsanspruch unter mehreren Schuldern gebunden, vielmehr kann er alle Umstände des Einzelfalles berücksichtigen.

3. Abschnitt: Recht der Vereinigten Staaten von Amerika

A. Vorbemerkungen zum Haftungssystem

Das amerikanische Haftpflichtrecht hat seine Wurzel im Common Law[90]). Bezüglich des allgemeinen Überblicks kann daher auf das englische Recht verwiesen werden. Die Rechtssysteme haben sich zwar nicht völlig parallel entwickelt; manche Anspruchsgrundlagen sind nicht in gleichem Umfange anerkannt, so etwa die „strict liability", die Haftung ohne Verschulden.

---

84) Law Reform (Married Women and Tortfeasors) Act 1935, 25 & 26 Geo 5 c 30, sect. 6 (1) a. b..

85) *Buxbaum*, S. 80.

86) AG *v. Wilson* (1840) Cr & Ph 1, 16 LJ Ex 296.

87) *Buxbaum*, S. 74.

88) Law Reform Act 1935 sect. 6 (1) s. Fußn. 84, S. 16.

89) Law Reform Act 1935 sect. 6 (2) s. Fußn. 84, S. 16.

90) *Buxbaum*, S. 72.

Allerdings wird das traditionelle Verschuldensprinzip auch in Amerika immer weiter ausgehöhlt durch die Tendenz der Gerichte, besonders hohe Anforderungen an die Sorgfaltspflicht zu stellen[91]).

B. Außenverhältnis

Im Außenverhältnis kann der Gläubiger jeden Schuldner auf Ersatz des gesamten Schadens in Anspruch nehmen; wird er befriedigt, so erlöschen die Verpflichtigungen der übrigen Schuldner.

Im Gegensatz zu dem frühen Common Law in England[92]) konnte der Geschädigte in den USA von Anfang an jeden tortfeasor einzeln in Anspruch nehmen und den Anspruch auch prozessual verfolgen, ohne Rücksicht auf einen etwa laufenden Prozeß gegen einen anderen tortfeasor[93]).

Folgerichtig hat das amerikanische Recht im Laufe seiner Entwicklung den Unterschied zwischen den joint und den several concurrent tortfeasors fallengelassen; es behandelt die beiden Fälle in gleicher Weise als joint torts.

Diese Entwicklung begann damit, daß man aus prozessualen Erwägungen (Erleichterung der Beweiserhebung) auch in Fälle der lediglich im kausalen Bereich zusammentreffenden unerlaubten Handlungen die Klagehäufung zuließ (joinder), obwohl es sich um getrennte und verschiedene Ansprüche handelte. Man war sich dann häufig dieser besonderen Gründe für joinder nicht mehr bewußt und nannte diejenigen Beklagten, gegen die man joinder zugelassen hatte, joint tortfeasors, da ursprünglich nach common law nur diese gemeinsam verklagt werden konnten. Aus der einheitlichen Bezeichnung ergab sich dann die einheitliche Behandlung[94]). In diesem Sinne ist der Ausdruck joint tortfeasor im amerikanischen Recht als deliktischer Gesamtschuldner zu verstehen, wie er in § 840 Abs. 1 BGB verwandt wird.

Damit deckt sich die Frage, welche Personen joint tortfeasors sind, mit der Frage, welche Personen für denselben Schaden verantwortlich gemacht werden können[95]). Im amerikanischen Haftungsrecht[96]) wird diese Untersuchung am Ende der Kausalkette begonnen — man fragt, ob der Schaden teilbar oder unteilbar ist[97]). Erfolge wie der Tod eines Menschen sind unteilbar, teilbar ist dagegen der Schaden, der zuerst am rechten und dann am linken Bein entsteht. Nur wenn der Schaden zwischen mehreren Ursachen nicht aufgeteilt werden kann[98]), tritt gesamtschuldnerische Haftung ein. Unteilbarkeit wird regelmäßig dann angenommen, wenn jede Handlung eine condicio sine qua non des gesamten Erfolges war[99]).

---

91) *Ehrenzweig*, Full Aid Insurance, S. 3, 4, der dies als Beweis der Kraft des Common Law wertet, den Problemen der modernen Technik zu begegnen.

92) S. oben, S. 16.

93) *Cleveland v.* City of Banger 87 Me 259, 32 A 892 (1895); *Buxbaum*, S. 73.

94) *Buxbaum*, S. 81.

95) *Buxbaum*, S. 81, 82.

96) Wie auch im englischen, vgl. *Buxbaum*, S. 82.

97) *Buxbaum*, S. 82.

98) Bei atomaren Großschäden wird das der Fall sein, da die Explosion die Beweismittel wahrscheinlich vernichten wird.

99) *Buxbaum*, S. 83; dort werden auch die aus rechtspolitischen oder praktischen Gründen gemachten Ausnahmen angesprochen.

C. Innenverhältnis

Im frühen Common Law stand dem Schuldner, der den Schadensersatz geleistet hatte, kein Anspruch gegen den Mithaftenden zu. Auf Grund der geschilderten Entwicklung des Rechts der joint torts, wonach Mittäter, vorsätzlich handelnde Nebentäter und fahrlässige Täter sämtlich als joint tortfeasors behandelt werden, wurde auch Fahrlässigkeitstätern überwiegend ein Anspruch auf Ausgleich verweigert.

In einigen Staaten ist diese Praxis noch heute geltendes Recht. Die Mehrheit der Staaten hat aber — wie in England — durch Gesetzgebung den Ausgleichsanspruch (contribution) eingeführt. In den meisten Staaten, die contribution gewähren, wird im Innenverhältnis nach Köpfen gehaftet; die Haftung nach dem Ausmaß des Verschuldens abzustufen, lehnt man allgemein ab[100]).

D. Zusammenfassung

Auch das amerikanische Recht stellt die Sicherung des Ersatzanspruches in den Vordergrund: alle Schädiger haften dem Geschädigten. Der Ausgleichsanspruch im Innenverhältnis ist von der Gesetzgebung zwar entwickelt und anerkannt worden, jedoch durch eine gewisse Starre gekennzeichnet; die Schädiger haften stets nach Köpfen.

4. Abschnitt: Schweizer Recht

A. Vorbemerkungen zum Haftungssystem

Das Schweizer Recht unterscheidet verschiedene Haftungsprinzipien[101]), die Verschuldenshaftung, die einfache Kausalhaftung und die Gefährdungshaftung; die einfache Kausalhaftung und die Gefährdungshaftung werden unter dem Begriff der Kausalhaftung zusammengefaßt[102]) und bilden neben der Verschuldenshaftung die zweite Haftungsgruppe.

Die Verschuldenshaftung wird durch die gleichen Merkmale wie im deutschen Recht gekenzeichnet. Sie ist „diejenige (außervertragliche) Art der Haftung, bei der die Verantwortung für zugefügten oder sonstigen Unbill neben dem Kausalzusammenhang und der Widerrechtlichkeit ein persönliches Verschulden des Haftpflichtigen voraussetzt“[103]).

Die Verschuldenshaftung stellt die Regel dar; wo kein Tatbestand der Kausalhaftung gegeben ist, ist Verschulden die Voraussetzung der Haftbarmachung. Während die Kausalhaftung auf einzelne abgegrenzte Schädigungstatbestände zugeschnitten ist, wird die Verschuldenshaftung vom Grundsatz der Universalität beherrscht; wann immer ein widerrechtlich zugefügter Schaden auf Verschulden zurückgeht, tritt Haftung ein, Art. 41 Abs. 1 OR[104]).

---

100) *Buxbaum*, S. 75.
101) *Oftinger* I, 2. Aufl., § 1 III, S. 11.
102) *Oftinger* I, 2. Aufl., § 1 III A, S. 11; *Devrient*, S. 22.
103) *Oftinger* I, 2. Aufl., § 1 III A, S. 11.
104) OR = Obligationenrecht.

Die Tatbestände der Kausalhaftung werden negativ dadurch gekennzeichnet, daß ein persönliches Verschulden nicht Voraussetzung der Haftung ist. Gefährdungshaftung gilt z. B. für den Betrieb einer Eisenbahn, eines Motorfahrzeuges oder ähnlicher gefährlicher Tätigkeiten[105]). Einfache Kausalhaftung, bei der der Nachweis des Verschuldens nicht zu erbringen ist, gilt etwa[106]) bei der Haftung des Geschäftsherrn[107]), des Tierhalters[108]) und des Werkeigentümers[109]).

Ob man bei der Kausalhaftung von unerlaubter Handlung sprechen soll, ist auch[110]) im Schweizer Recht eine nur terminologische Frage.

Zwar ist der zweite Abschnitt des ersten Titels des Obligationsrechtes, in welchem sowohl Verschuldens- als auch Fälle der Kausalhaftung geregelt sind[111]), als „Die Entstehung durch unerlaubte Handlungen" überschrieben. Dennoch wird es befürwortet, den Begriff „unerlaubte Handlung" auf die Verschuldenshaftung zu beschränken. Als Hauptargument dient, daß manche zu einer Haftbarmachung führenden Handlungen erlaubt seien, sowie daß Fälle denkbar seien, in denen überhaupt keine menschlichen Handlung für den Schaden kausal sei[112]).

B. Außenverhältnis

Haften mehrere Personen aus einem oder verschiedenen Rechtsgründen, so haften sie dem Geschädigten solidarisch, Art. 51 OR. Der Gläubiger kann nach seiner Wahl von allen Schuldnern je nur einen Teil oder das Ganze fordern; die Schuldner bleiben solange verpflichtet, bis die gesamte Forderung getilgt ist, Art. 144 OR, Art. 147 Abs. 1 OR.

Nach schweizer Theorie und Praxis ist Art. 51 OR Ausdruck eines „ungeschriebenen Fundamentalgrundsatzes des Haftpflichtrechtes"[113]), wonach eine Mehrheit von Ersatzpflichtigen solidarisch haftet. Dieser Grundsatz findet seine Motivierung in dem Bestreben, die Stellung des Geschädigten zu stärken[114]).

Die Meinungen über die Tragweite dieses Grundsatzes gehen allerdings auseinander. Oftinger will ihn auch dann anwenden, wenn sich der Schaden zu bestimmten Anteilen auf die Tätigkeit der einzelnen mitwirkenden Personen zurückführen läßt[115]). Dem steht die Rechtsprechung, teilweise auch die Literatur ablehnend gegenüber[116]) und nimmt solidarische Haftung nur bei unteilbaren Schäden an.

---

105) Vgl. die Zusammenstellung bei *Oftinger* I, 2. Aufl., § 1 III Ca, S. 17.
106) Die Darstellung folgt *Oftinger* I, 2. Aufl., § 21 III C b, S. 19, 20; die Klassifizierung der einzelnen Tatbestände als Gefährdungshaftung oder als einfache Kausalhaftung wird aber teilweise anders vorgenommen, vgl. *Oftinger*, a. a. O.
107) Art. 55 OR.
108) Art. 56 OR.
109) Art. 58 OR.
110) Zur gleichen Problematik für das deutsche Recht s. oben, S. 5—6.
111) Art. 41 — Art. 55, 56, 58 OR.
112) *Oftinger* I, 2. Aufl., § 1 III B 3, S. 15.
113) BG 18. XII. 1942, BGE 68 II, S. 369 (375); *Oftinger* I, 2. Aufl., § 10 II A, S. 295, 296.
114) BG 28. V. 1940, BGE 66 II, S. 114 (121).
115) *Oftinger* I, 2. Aufl., § 10 II A, S. 295 Fußn. 10.

C. Innenverhältnis

Bei solidarischer Haftung findet ein Ausgleich statt, Art. 148 OR. Haften mehrere aus dem gleichen Rechtsgrunde, so erfolgt die Schadensverteilung bei Verschuldenshaftung nach der Größe des Verschuldens[117]); bei Gefährdungshaftung ist die Größe der beteiligten Betriebsgefahren zu vergleichen[118]); im Falle der einfachen Kausalhaftung gilt Haftung zu gleichen Teilen[119]).

Für den Ausgleich bei der Haftung aus verschiedenen Rechtsgründen bestimmt das Gesetz, daß in erster Linie haftet, wer den Schaden durch unerlaubte Handlung verschuldet hat und erst dann, wer ohne eigenes Verschulden haftbar ist, Art. 51 Abs. II OR.

Daß der Schuldige schlechter gestellt wird, begründet sich mit der generell negativen Bewertung des Verschuldens[120]) und wird deshalb als gerecht empfunden[121]).

Die Regreßordnung des Art. 51 Abs. II OR ist allerdings kein zwingendes Recht, doch soll von ihr nur unter großer Zurückhaltung abgewichen werden, „weil in der gesetzlichen Regreßordnung ein wohl abgewogenes ethisch fundiertes Prinzip verkörpert ist“[122]).

D. Zusammenfassung

Das Außenverhältnis ist gekennzeichnet durch das Bestreben, dem Geschädigten eine starke Stellung zu vermitteln; jeder Schädiger haftet auf das ganze; nach einer auch vertretenen Meinung soll das sogar bei teilbaren Schäden gelten.

Das Innenverhältnis wird besonders durch die Wertung des Gesetzgebers geprägt, wonach in erster Lnie der Täter aus Verschulden und erst in letzter Linie der Täter aus Kausalhaftung den Schaden tragen soll.

5. Abschnitt: Österreichisches Recht

A. Vorbemerkungen zum Haftungssystem

Das Allgemeine Bürgerliche Gesetzbuch statuiert eine Verschuldenshaftung für unerlaubte Handlungen, § 1295 Abs. 1 ABGB. Daneben gibt es einige Spezialtatbestände, für die ebenfalls bei schuldhafter Schädigung Schadensersatz zu leisten ist, vgl. §§ 1295 Abs. 2, 1325 ABGB. Die Haftung für Verschulden wird deshalb noch heute als das „Rückgrat des Schadensersatzes“ bezeichnet[123]). In § 1306 ABGB heißt es wörtlich: „Den Schaden,

---

116) BG 18. XII. 1942, BGE 68 II, S. 369 (375) mit weiteren Nachweisen.
117) BG 6. XI. 1921, BGE 47 II, S. 425 (430); BG 4. V. 1933, BGE 59 II, S. 97 (110).
118) *Oftinger* I, 2. Aufl., § 10 III Bb, S. 317.
119) *Oftinger* I, 2. Aufl., § 10 III Bh/i, S. 324; *Devrient*, S. 41.
120) *Oftinger* I, 2. Aufl., § 10 III Aa 1, S. 307.
121) *Oftinger* I, 2. Aufl., § 10 III Aa3, S. 309.
122) *Oftinger* I, 2. Aufl., § 10 III Aa 3, S. 311; *Devrient*, S. 40.
123) *Gschnitzer*, § 44 2, S. 167.

welchen jemand ohne Verschulden verursacht hat, ist er in der Regel zu ersetzen nicht schuldig".

Für die Haftung ohne Verschulden fehlt es an einem Generaltatbestand. Zum Teil sind Fälle im ABGB enthalten[124]), die Gefährdungshaftungstatbestände finden sich in gesonderten Haftpflichtgesetzen[125]). Trotz des Fehlens eines allgemeinen Gefährdungshaftungstatbestandes nimmt die Rechtsprechung in Analogie zu den Haftpflichtgesetzen eine Gefährdungshaftung für Schäden aus gefährlichen Betrieben an[126]).

Das Allgemeine Bürgerliche Gesetzbuch kennt zwei Arten des Schadensersatzes, die volle Genugtuung und die Schadloshaltung. Schadloshaltung ist Ersatz des erlittenen Schadens[127]), volle Genugtuung gewährt zu dem Ersatz des erlittenen Schadens den entgangenen Gewinn sowie die Tilgung einer verursachten Beleidigung[128]).

Volle Genugtuung kann bei Vorsatz und grober Fahrlässigkeit[129]) beansprucht werden[130]). In den übrigen Fällen kann nur eigentliche Schadloshaltung verlangt werden[131]); dazu zählt die Haftung für leichte Fahrlässigkeit wie die Haftung ohne Verschulden.

Schmerzensgeld wird bei Körperverletzungen auch im Falle der Haftung ohne Verschulden gewährt[132]).

B. Außenverhältnis

Jeder, der einen haftungsbegründenden Tatbestand erfüllt, haftet für den von ihm verursachten Schaden. Verursachen mehrere Personen einen Schaden, sei es, daß sie bewußt zusammenwirken, sei es, daß keiner von der Mitwirkung des anderen weiß, so tritt ebenfalls die Haftung der einzelnen ein, § 1301, 1302 ABGB; es besteht solidarische Haftung[133]); unerheblich ist dabei, ob die einzelnen Schädiger vorsätzlich fahrlässig oder ohne Verschulden gehandelt haben[134]). Ist der Schaden hingegen teilbar, so hat jeder nur den durch sein Handeln verursachten Schaden zu ersetzen[135]).

C. Innenverhältnis

Dem in Anspruch genommenen Schädiger bleibt der Rückgriff gegen die übrigen Schädiger vorbehalten. Haben alle Schädiger den Schaden in gleicher

---

124) §§ 1307 bis 1310 ABGB.

125) Z. B. Eisenbahn- und Kraftfahrzeughaftpflichtgesetz v. 21. I. 1959, BGBl. Nr. 48 (EKHG).

126) OGH 18. III. 1953, SZ XXVI/75, S. 209 (211); *Gschnitzer*, § 49 E VI, S. 202; *Hannak*, Verteilung, S. 1.

127) § 1323 Satz 2, 1 Halbsatz ABGB.

128) § 1323 Satz 2, 2. Halbsatz ABGB.

129) „In dem Falle eines aus böser Absicht oder aus einer auffallenden Sorglosigkeit verursachten Schadens".

130) § 1324 Satz 1, 1. Halbsatz ABGB.

131) § 1324 Satz 1, 2. Halbsatz ABGB.

132) *Gschnitzer*, § 43 VI, S. 163; *Klang-Wolff*, 2. Aufl., § 1325 III 3, S. 140.

133) *Klang-Wolff*, 2. Aufl., § 1302, S. 55 mit Nachweisen.

134) *Klang-Wolff*, 2. Aufl., § 1302, S. 55.

135) *Klang-Wolff*, 2. Aufl., § 1302, S. 54, 55.

Weise verursacht, so hat jeder den gleichen Anteil zu tragen. Sind die Verschuldensgrade unterschiedlich, so werden die Anteile entsprechend abgestuft[136]). Haftet ein Schädiger aus Gefährdungshaftung, so hängt die Ersatzpflicht insbesondere davon ab, „inwieweit der Schaden vorwiegend von dem einen oder anderen Beteiligten verschuldet oder durch außergewöhnliche Betriebsgefahr oder überwiegende gewöhnliche Betriebsgefahr verursacht wurde"[137]). Dies wird dahin ausgelegt, daß in erster Linie das Maß an Verschulden ausschlaggebend ist und erst in zweiter Linie die Betriebsgefahr[138]).

D. Zusammenfassung

Im Außenverhältnis haftet jeder, der einen Schaden mitverursacht hat, auf das Ganze; im Innenverhältnis findet ein Ausgleich statt, wobei die Verschuldenshaftung schwerwiegender bewertet wird als die Haftung ohne Verschulden.

6. Abschnitt: Zusammenfassende Beurteilung

Die Untersuchung hat gezeigt, daß sowohl in Deutschland wie auch in den genannten anderen Ländern die Tendenz besteht, dem Geschädigten eine starke Stellung gegenüber mehreren Schädigern einzuräumen. Dies geschieht, indem dem Gläubiger das Recht zuerkannt wird, sich an jeden Schuldner bezüglich des gesamten Schadens zu halten. Jeder Schädiger hat dafür einen Ausgleichsanspruch gegen die Mitschuldner, der in seiner Gestaltung in einzelnen Ländern unterschiedlich ist.

In welcher Weise der Gläubiger seine Wahl ausüben, d. h. welchen Schuldner er zunächst in Anspruch nehmen wird und in welcher Höhe, hängt von den verschiedenartigsten Gründen ab. Finanzielle und persönliche Motive werden häufig den Ausschlag geben. Die Wahl des Gläubigers kann aber auch durch das bestehende Rechtssystem beeinflußt werden; beispielsweise indem es dem Gläubiger erleichtert wird, gegen einen bestimmten Schuldner vorzugehen; dies kann etwa dadurch geschehen, daß dem Gläubiger eine günstigere Beweislage eingeräumt wird, wenn er gegen einen bestimmten Schuldner vorgeht.

Davon soll im folgenden Teil gesprochen werden.

136) *Klang-Wolff*, 2. Aufl., § 1302, S. 57.
137) § 11 Satz 1 EKHG.
138) *Gschnitzer*, § 49 B VIII, S. 198.

Teil II:

Kanalisierung der Haftung

Teil A.

Kanalisierung der Haftung im Zivil- und Arbeitsrecht

Die Haftung kanalisieren bedeutet, die Schadensersatzpflicht auf eine unter mehreren Personen, die nach allgemeinen Vorschriften als Haftende in Betracht kommen, zu lenken[1]).

Dabei sind bisher unter der Kanalisierung der Haftung zwei Lenkungsakte unterschieden worden, die rechtliche[2]) und die wirtschaftliche[3]) Kanalisierung.

Von rechtlicher Kanalisierung spricht man, wenn eine Norm die Haftung auf eine Person konzentriert, obwohl neben dieser Person nach allgemeinen Gesetzen auch andere Personen für die Haftung in Frage kämen. Die rechtliche Kanalisierung begrenzt die nach allgemeinen Vorschriften bestehenden Regreßmöglichkeiten im Außenverhältnis.

Wirtschaftliche Kanalisierung begrenzt die Regreßmöglichkeiten im Innenverhältnis unter mehreren Personen, die dem geschädigten Gläubiger im Außenverhältnis uneingeschränkt haften.

In diesen beiden Ausgestaltungen ist der Begriff der Kanalisierung der Haftung erstmals bei den Vorarbeiten zur Änderung des amerikanischen Atomgesetzes geprägt worden[4]). In dieser Form ist er in die rechtliche Terminologie anderer Länder[5]) eingegangen und auch in Deutschland übernommen worden.

1. KAPITEL: TATSÄCHLICHE KANALISIERUNG DER HAFTUNG

In Deutschland hat Weitnauer in einem Aufsatz aus dem Jahre 1961 vorgeschlagen, den Inhalt dieses Begriffs um die von ihm sogenannte „tatsächliche Kanalisierung“ zu erweitern[6]). Weitnauer denkt dabei an Fälle, in denen weder eine rechtliche noch eine wirtschaftliche Kanalisierung vor-

---

1) *Weitnauer*, DB 1961, S. 666; *Kanno*, S. 9.
2) S. unten, S. 55—68.
3) S. unten, S. 39—55.
4) International Problems of Financial Protection against Nuclear Risk. A Study under the Auspices of Harvard Law School and Atomic Industrial Forum, zitiert nach *Fischerhof*, VersR 1966, S. 601 (602).
5) S. unten, S. 91, 93, 95, 98.
6) *Weitnauer*, DB 1961, S. 666 (667).

liegt, allein bestimmte Momente den Gläubiger bewegen, bei gleicher Sachlage stets nur einen unter mehreren Schuldnern in Anspruch zu nehmen, die ihm nach allgemeinen Regeln haften.

Dieser Vorschlag hat Zustimmung[7]) und Ablehnung[8]) erfahren; in einem ersten Kapitel soll untersucht werden, ob und unter welchen Gesichtspunkten es ratsam ist, den Begriff der Kanalisierung der Haftung um die „tatsächliche Kanalisierung" zu erweitern.

A. Tatsächliche Kanalisierung durch günstige Prozeßlage

I. Beweiserleichterung

Ein Grund für einen Gläubiger, einen bestimmten unter mehreren Schuldnern in Anspruch zu nehmen, kann eine dem Gläubiger dann günstigere Beweislage bilden. Diese kann in tatsächlicher Hinsicht darin bestehen, daß dem Gläubiger nur hinsichtlich der Verpflichtung eines Schuldners Beweismittel zur Verfügung stehen, die geeignet sind, die strittigen Tatsachen zur Überzeugung des Gerichts zu beweisen.

Eine günstige Beweislage kann aber auch in rechtlichen Normen begründet sein, wenn entgegen der allgemeinen Regel, nach der jede Partei die Beweislast für die Voraussetzungen ihres geltend gemachten Anspruchs trägt[9]), eine Umkehr der Beweislast stattfindet.

Der Gläubiger wird im Falle eines Prozesses zunächst denjenigen Schuldner in Anspruch nehmen, bei dem er die günstigste Beweislast hat, es sei denn, dieser Schuldner ist nicht solvent.

II. Unterschiedliche Haftungsvoraussetzungen

1. Verschuldenshaftung – Gefährdungshaftung

Eine ähnliche — allerdings auf einer anderen Stufe liegende — Situation ergibt sich, wenn dem geschädigten Gläubiger ein Schädiger aus Verschuldenshaftung, ein anderer aus Gefährdungshaftung verantwortlich ist. Diese Fallgestaltung ist außerordentlich häufig bei einem Verkehrsunfall, wenn der Fahrer eines Kraftfahrzeuges nicht mit dem Halter identisch ist. Während der Fahrer nur haftet, sofern ihn ein Verschulden trifft, § 18 Abs. 1 Satz 2 StVG, ist der Halter auch ohne Verschulden zum Ersatz verpflichtet, § 7 Abs. 1 StVG. Dem Halter wird auf Grund der Gefährdungshaftung ein Schaden, den ein anderer verursacht hat, zugerechnet[10]).

Der Geschädigte wird seinen Ersatzanspruch grundsätzlich gegen den Halter richten[11]); dann nämlich ist seine Prozeßlage sehr viel günstiger, da er ein Verschulden nicht einmal zu behaupten braucht.

---

[7]) *Fischerhof II-Pelzer*, Erl. Haftungskonventionen, Anm. 26, S. 335; *Mosthaf*, VersR 1967, S. 197 (198).

[8]) *Hannak*, JBl. 1961, S. 537 (538).

[9]) *Rosenberg*, 9. Aufl., § 114 I 2, S. 555.

[10]) *Westermann*, JuS 1961, S. 333 (334).

[11]) *Fischerhof*, VersR 1966, S. 601 (603).

2. *Verschuldenshaftung – bürgerlich-rechtlicher Aufopferungsanspruch*

Der Anspruch aus aufopferungsgleichem Eingriff[12]) setzt ebenfalls kein Verschulden voraus. Insoweit kann auch ihm eine kanalisierende Wirkung zugesprochen werden, wenn dem Gläubiger gegen andere mithaftende Schuldner lediglich ein Anspruch aus Verschuldenshaftung zusteht.

III. Einschränkung der Kanalisierungswirkung

Der Wirkungsgrad dieser Kanalisierung ist jedoch um so geringer, je mehr sich die dem Gläubiger zustehenden Ansprüche in ihrem Ausmaß unterscheiden[13]). Erlitt der Geschädigte bei einem Verkehrsunfall einen Personenschaden, so wird er Schmerzensgeld beanspruchen wollen. Diesen Anspruch kennt das deutsche Recht bisher[14]) nur bei Verschuldenshaftung[15]). Der Gläubiger wird also auch diesen Anspruch verfolgen müssen, allerdings nur hinsichtlich des Schmerzensgeldes.

Das gleiche gilt, wenn es für den Anspruch des Gläubigers von Bedeutung ist, daß die Haftung ohne Verschulden, sei es aus Gefährdung, sei es aus aufopferungsgleichem Eingriff regelmäßig[16]) der Höhe nach begrenzt ist, während die Verschuldenshaftung grundsätzlich unbeschränkt ist[17]).

IV. Rechtliche Wirkungen

Die von Weitnauer sogenannte tatsächliche Kanalisierung zeitigt für den zunächst in Anspruch genommenen Schuldner Auswirkungen.

Der verurteilte Schuldner hat die Prozeßkosten zu tragen, die er grundsätzlich nicht nach § 426 BGB von den Mithaftenden erstattet verlangen kann[18]) und zwar auch dann nicht, wenn etwa das Bestehen eines Schadens oder die Kausalität des Unfalles für den Schaden streitig war.

Zwar hat das Urteil in diesem Prozeß, dem sogenannten Vorprozeß, keine Rechtskraft gegenüber den Mithaftenden[19]), so daß diese also in einem Nachprozeß wiederum alle Tatsachen bestreiten könnten; jedoch werden sich in einer Vielzahl von Fällen die mithaftenden Schuldner nach dem Vorprozeß richten, so daß der zunächst in Anspruch genommene auf seine Kosten die streitigen Fragen geklärt hat.

Eine weitere und bedeutsame Auswirkung für den zunächst in Anspruch genommenen Schuldner ist, daß er, nachdem er den Gläubiger befriedigt hat und die Forderung gegen die übrigen Schuldner nach § 426 Abs. 2 Satz 1

---

12) S. oben, S. 7 Fußnote 30.

13) *Weitnauer*, DB 1961, S. 666 (667).

14) Der Referentenentwurf sieht die Gewährung von Schmerzensgeld auch für bestimmte Gefährdungshaftungsbestände vor, vgl. Referentenentwurf I, S. 15, 17; II S. 157, 158 (§ 3 HaftpflG, § 10 StVG).

15) Ausnahme §§ 33, 53 Abs. 3 LVG.

16) Ausnahme § 22 Abs. 1 WasserhaushaltsG.

17) Ausnahme § 38 AtomG.

18) *Soergel-R. Schmidt*, 10. Aufl., Anm. 6 zu § 426, S. 547; RG 24. I. 1918, RGZ Bd. 92, S. 143 (148); BGH 17. XII. 1955, VersR 1956, S. 160 (161).

19) *Soergel-R. Schmidt*, 10. Aufl., Anm. 7 zu § 426, S. 548; RG 16. XI. 1908, RGZ Bd. 69, S. 422 (426).

BGB auf ihn übergegangen ist, das Prozeß- und Vollstreckungsrisiko hinsichtlich des Ausgleichsanspruch trägt.

Die tatsächliche Kanaliserung hat also nicht nur rechtssoziologische, sondern auch rechtliche Bedeutung. Dies rechtfertigt es, sie in den Begriff der Kanalisierung der Haftung aufzunehmen.

B. Tatsächliche Kanalisierung durch Erstreckung von Ansprüchen

Das Ausmaß und bestimmende Merkmale der tatsächlichen Kanaliserung werden deutlich, wen man die tatsächliche Kanalisierung der Haftung durch Erstreckung von Ansprüchen untersucht.

I. § 278 BGB

Vor allem aus wirtschaftlichen Gründen gewinnt § 278 BGB Bedeutung für die tatsächliche Kanalisierung.

Stehen einem geschädigten Gläubiger mehrere Schuldner gegenüber, so entspricht es vernünftiger wirtschaftlicher Überlegung, wenn der Gläubiger sich zunächst an den finanzkräftigsten Schuldner zu halten versucht. Die Entwicklung und Bedeutung des § 278 BGB, wie sie vor allem in der Rechtsprechung ihren Ausdruck gefunden hat, ist ein Beispiel dafür; sie zeigt, daß die Rechtsprechung durchaus dieses Bestreben eines wirtschaftlich denkenden Gläubigers anerkannt hat. Nur in diesem Zusammenhang soll diese Norm, deren Inhalt umfassender ist, untersucht werden.

1. Haftungsausdehnung

Die Bedeutung des § 278 BGB für die tatsächliche Kanalisierung liegt mithin darin, daß sie dem durch eine unerlaubte Handlung geschädigten Gläubiger einen weiteren Schuldner verschafft, der im Regelfall finanzkräftiger sein wird, als der aus der unerlaubten Handlung Haftende (Gehilfe)[20]).

2. Verschuldenszurechnung

a) Erfüllungsgehilfe

Dies geschieht, indem das Verschulden des aus einer unerlaubten Handlung Haftenden einem anderen zugerechnet wird. Eine solche Verschuldenszurechnung ist nicht unbegrenzt möglich. Das würde zu einer Kollektivhaftung führen[21]). Der Gedanke einer rechtlichen Kollektivhaftung innerhalb einer Volksgemeinschaft ist bisher den Vorstellungen von Haftung in Deutschland fremd[22]).

Die Zurechnung des Verschuldens eines anderen findet daher nur aus besonderen Gründen statt. Der Zurechnungsgrund im Rahmen des § 278 BGB, wonach der Schuldner ein Verschulden seines gesetzlichen Vertreters und der Personen, deren er sich zur Erfüllung seiner Verbindlichkeiten bedient, in gleichem Umfange wie eigenes zu vertreten hat, wird zwar nicht einheitlich

---

20) *Westermann*, JuS 1961, S. 333 (386).
21) *Esser*, 2. Aufl., § 58 1, S. 214.
22) *Larenz*, Allgemeiner Teil, § 6 III, S. 79; *Westermann*, JuS 1961, S. 333 (386).

gesehen; allgemein wird jedoch anerkannt, daß die Norm[23]) eine angemessene Lösung eines Interessenkonfliktes[24]) zwischen dem Gläubiger und dem Schuldner eines vertraglichen Schuldverhältnisses ist, welcher dadurch ausgelöst wird, daß der Schuldner im Regelfall seine Leistung nicht persönlich zu erbringen braucht, sondern sich anderer Personen zur Erfüllung seiner Verbindlichkeit bedienen kann[25]); dies ermöglicht es nämlich dem Schuldner, seinen Tätigkeitsbereich und damit seine Verdienstmöglichkeiten auszudehnen[26]). Der Schuldner, der den Vorteil aus der Tätigkeit des Gehilfen zieht, muß sich den durch den Gehilfen verursachten Schaden zurechnen lassen[27]).

Die dem Schuldner nach § 278 BGB auferlegte Garantiepflicht[28]) wird denn auch überwiegend damit begründet, daß der Schuldner für seinen Rechtskreis[29]), seinen Einfluß- und Gefahrenbereich[30]), seinen Geschäftskreis und Risikobereich[31]) einzustehen habe.

Hingegen dürfte die auch gewählte Bezeichnung einer Gefährdungshaftung[32]) nicht zutreffen; zwar wird der Erfüllungsgehilfe häufig bei gefahrbehafteten Tätigkeiten den Schaden auslösen, jedoch ist die Haftung des Geschäftsherrn nur dann nach § 278 BGB begründet, wenn den Gehilfen ein Verschulden trifft. § 278 BGB statuiert eine Haftung für fremdes Verschulden, die von der verschuldensunabhängigen Gefährdungshaftung zu unterscheiden ist.

b) Rahmen eines Schuldverhältnisses

§ 278 BGB gilt nur, wenn der Gehilfe in Erfüllung einer Verbindlichkeit gehandelt hat; es muß ein Schuldverhältnis zwischen dem Geschädigten und dem Geschäftsherrn bestanden haben; außerhalb eines Schuldverhältnisses haftet der Geschäftsherr lediglich im Rahmen des § 831 BGB.

§ 831 BGB statuiert aber keine Haftung für ein fremdes Verschulden, sondern lediglich für ein vermutetes eigenes Verschulden des Geschäftsherrn; diese Vermutung ist widerlegbar, § 831 Abs. 1 Satz 2 BGB; gelingt der Entlastungsbeweis, so haftet nur der Verrichtungsgehilfe, der in der Regel nicht so finanzstark sein wird wie der Geschäftsherr.

Nur in diesem Lichte des § 831 BGB kann die Bedeutung, die § 278 BGB gewonnen hat, zutreffend verstanden werden. Um dem geschädigten Gläu-

---

[23]) Zur historischen Entwicklung, vgl. *Seiler*, JZ 1967, S. 525 (527).

[24]) *Erman-Gröpper*, 4. Aufl., Anm. 1 zu § 278, S. 566; *Soergel-R.Schmidt*, 10. Aufl., Anm. 1 zu § 278, S. 300; *Larenz*, Schuldrecht I, 9. Aufl., § 19 VIII, S. 233, 234; *Esser*, 2. Aufl., § 58 2 a, S. 215; *Westermann*, JuS 1961, S. 333 (338, 382).

[25]) *Palandt-Gramm*, 27. Aufl., Anm. 1 zu § 613, S. 513.

[26]) *Larenz*, Schuldrecht I, 9. Aufl., § 19 VIII, S. 233.

[27]) Dig. 50.17.149: ex qua persona quis lucrum capit, eius factum praestare debet.

[28]) Motive zum BGB II, S. 30; *Esser*, 2. Aufl., § 58 2, S. 215; *Larenz*, Schuldrecht I, 9. Aufl., § 19 VIII, S. 233.

[29]) BGH 28. V. 1957, NJW 1957, S. 1187.

[30]) *Palandt-Gramm*, 27. Aufl., Anm. 1 zu § 278, S. 233; *Erman-Gröpper*, 4. Aufl., Anm. 1 zu § 278, S. 566.

[31]) *Staudinger-Werner*, 11. Aufl., Anm. 1 zu § 278, S. 373.

[32]) BGB-RGRK-*Nastelski*, 11. Aufl., Anm. 1 zu § 278, S. 1046; *Erman-Gröpper*, 4. Aufl., Anm. 1 zu § 278, S. 566.

biger nicht das Risiko aufzuerlegen, gegen den regelmäßig finanzschwachen Gehilfen vorgehen zu müssen, sind von der Rechtsprechung Wege gefunden worden, den Anwendungsbereich des § 278 BGB auszudehnen und damit § 831 BGB auszuschalten: die culpa in contrahendo, der Vertrag zugunsten Dritter, der Vertrag mit Schutzwirkung für Dritte[33]).

Diese Erweiterung des Anwendungsbereichs der Norm verdient hier deshalb Beachtung, weil sie eine — gewünschte und angestrebte —[34]) tatsächliche Kanalisierung zur Folge hat.

4. Ursachen der Kanalisierung

a) Wirtschaftliche

Auf die wirtschaftlichen Gründe für die tatsächliche Kanalisierung ist wiederholt hingewiesen worden.

---

[33]) Früher wurde die Anwendung des § 278 BGB auf ein Verschulden bei Vertragsverhandlungen (culpa in contrahendo) abgelehnt (vgl. nur RG 8. VII. 1905, RGZ Bd. 61, S. 207 (213)). Diese Auffassung ist überholt; der Grundsatz der Haftung für Verschulden bei Vertragsverhandlungen beruht auf dem Gedanken, daß nach der heutigen Verkehrsanschauung schon die Anbahnung von Vertragsverhandlungen gewisse Verbindlichkeiten zwischen den Handelnden begründet.

Die grundlegende Entscheidung des Reichsgerichts zum Grundsatz des Verschuldens bei Vertragsverhandlungen (RG 7. XII. 1911, RGZ Bd. 78, S. 239 (241)) betraf das Verschulden eines Erfüllungsgehilfen. Das RG führte aus, daß es dem Rechtsempfinden widerstreiten würde, wenn in solchen Fällen der Geschäftsherr nach Maßgabe des § 831 BGB nicht unbedingt hafte. Dem ist die Rechtsprechung kontinuierlich gefolgt, vgl. BGH 20. XI. 1954, BGHZ Bd. 15, S. 204 (205).

Dem Institut des Vertrages zugunsten Dritter hat schon die Rechtsprechung des Reichsgerichts eine sehr weite Ausdehnung gegeben, um Ansprüche wegen Verletzung einer Verbindlichkeit nach § 278 BGB allen Personen zubilligen zu können, die als schutzwürdig angesehen wurden. So wurde in einem vom Reichsgericht entschiedenen Fall (RG 3. VI. 1921, RGZ Bd. 102, S. 231 (232)) durch das Verschulden eines Handwerkers, der vom Hauseigentümer mit einer Reparatur beauftragt worden war, nicht nur der Mieter, sondern auch dessen Frau, Kinder und Hausangestellte verletzt. Obwohl der Mietvertrag nur mit dem Mann abgeschlossen worden war, nahm das Reichsgericht an, der Mietvertrag sei stillschweigend auch zugunsten der anderen Verletzten abgeschlossen und gelangt so zur Anwendung des § 278 BGB auch hinsichtlich dieser Personen.

Diese Rechtsprechung ist namentlich deshalb auf Kritik gestoßen, weil den vertragsschließenden Parteien stets die Absicht unterstellt wurde, daß sie Dritten eigene Rechte aus dem Vertrag verschaffen wollten (*Larenz*, Schuldrecht I, 9. Aufl., § 11 III S. 127). Der Bundesgerichtshof hat diese Kritik als berechtigt anerkannt (BGH 15. V. 1959, JZ 1960, S. 124 (125)). Das hat aber nicht dazu geführt, das Ziel dieser Rechtsprechung aufzugeben. Statt eigener vertraglicher Leistungsrechte wurde nun nach dem Sinn und Zweck des Vertrages und nach den Grundsätzen über Treu und Glauben eine vertragliche Sorgfalts- und Obhutspflicht gegenüber denjenigen Personen angenommen, „die durch den Gläubiger mit der Leistung des anderen Vertragsteils in Berührung kommen".

Diese Rechtsprechung wird allgemein anerkannt (vgl. *Larenz*, Schuldrecht I, 9. Aufl., § 11 III, S. 128) und ist vom Bundesgerichtshof fortgeführt worden (vgl. BGH 27. XI. 1959, VersR 1960, S. 155; 23. VI. 1965, JZ 1965, S. 572, (573); 6. VII. 1965, JZ 1966, S. 141 (142)). Sie führt zu einer erheblichen Ausdehnung des § 278 BGB.

[34]) *Esser*, 2. Aufl., § 58 2 f, S. 216.

b) Speziell versicherungswirtschaftlich

Die Konzentration der Haftung ist versicherungsmäßig erwünscht, weil es sich um eine für die Versicherer und Versicherungsnehmer besonders wirtschaftliche Lösung handelt[35]). Daneben gibt es oft auch die Versicherung für Rechnung der Erfüllungsgehilfen.

5. *Einschränkungen der Kanalisierungswirkung*

Die in den vorhergehenden Ausführungen vorausgesetzte Auffassung, daß der Gehilfe nicht frei wird, wenn der Geschäftsherr im Rahmen des § 278 BGB haftet, entspricht der einhelligen Auffassung[36]).

Das hat für den Geschädigten nur dann praktische Bedeutung, wenn der Anspruch aus unerlaubter Handlung auch auf Schmerzensgeld gerichtet ist und Aussicht besteht, daß der Gehilfe — etwa weil er vom Unternehmer mitversichert ist — erfolgreich in Anspruch genommen werden kann.

II. §§ 431, 456 BGB

Nach §§ 431, 456 HGB wird dem Frachtführer und der Eisenbahn ein Verschulden ihrer Leute und Bediensteten schlechthin zugerechnet, also auch dann, wenn sie deliktisch handeln, ohne zur Erfüllung eines bestimmten Frachtvertrages tätig zu werden[37]).

Dies wird damit begründet, daß der Frachtführer nicht nur einen Frachtvertrag durchführt, sondern eine Vielzahl von Frachtgeschäften bei ihm zusammenkommen; es wäre daher ungerecht, wenn die Haftung des Frachtführers für seine Gehilfen jeweils davon abhängig wäre, ob der Gehilfe von ihm gerade bei der Ausführung des betreffenden Frachtgeschäftes hinzugezogen war oder nicht[38]).

Diese Begründung vermag nicht voll zu befriedigen, denn eine Vielzahl von Verträgen sind auch von anderen Kaufleuten und Unternehmern ständig zu erfüllen. Die weitgehende Identifikation[39]) des Frachtführers bzw. der Eisenbahn mit den Leuten rührt eher daher, daß die Gefahr einer Beschädigung bei Transporten besonders groß ist und hiergegen ein umfassender Schutz gewährt werden sollte.

Die tatsächliche Kanalisierung der Haftung auf den Frachtführer bzw. die Eisenbahn erfolgt also aus den gleichen — wirtschaftlichen — Gründen wie sie schon zu § 278 BGB genannt wurden. Sie hat ihre Ursache darin, daß die Frachtführer bzw. Eisenbahn gefahrbehaftete Tätigkeiten durch Dritte ausführen lassen und den Gewinn aus dieser Tätigkeit ziehen.

III. § 485 Satz 1 HGB; § 3 Abs. 1 BinnSchG

§ 485 Abs. 1 HGB statuiert eine Haftung des Reeders für den Schaden, den eine Person der Schiffsbesatzung oder ein an Bord tätiger Seelotse einem

---

35) *Esser*, 2. Aufl., § 58 2 f, S. 216.
36) *Esser*, 2. Aufl., § 58 2 g, S. 216.
37) *Westermann*, JuS 1961, S. 333 (339, 340).
38) *Schlegelberger-Geßler*, 4. Aufl., Anm. 1 zu § 431, S. 2780.
39) RG 30. VIII. 1882, RGZ Bd. 7, S. 125 (127).

Dritten in Ausführung von Dientverrichtungen schuldhaft zufügt. § 3 Abs. 1 BinnSchG trifft die gleiche Regelung.

Diese Vorschriften gehen ebenfalls über § 278 BGB hinaus, weil die Haftung des Reeders nicht davon abhängig ist, daß diese Personen in Erfüllung einer Verbindlichkeit den Schaden verursacht haben[40]). Die Verantwortung des Reeders wird lediglich dadurch begrenzt, daß die rechtswidrig und schuldhaft handelnde Person in Ausführung von Dienstverrichtungen tätig geworden sein muß.

Die tatsächliche Kanalisierung ergibt sich auch hier auf Grund der unterschiedlichen Vermögenslagen, des gesamtschuldnerisch[41]) haftenden Schädigers und des Reeders. Das Motiv für die Aufnahme des § 485 HGB in das Gesetz war gerade, die nach früherem Recht bereits bestehende subsidiäre Haftung des Reeders in eine prinzipale zu verwandeln; der Geschädigte sollte sich von vornherein an einen zahlungskräftigen Zweitschuldner halten können[42]). Deshalb haftet der Reeder sogar für Schmerzensgeld[43]).

Die tiefere Ursache für die adiektizische Haftung des Reeders, die zu der tatsächlichen Kanalisierung führt, ist auch hier wieder darin zu erblicken, daß der Reeder gefahrbehaftete Tätigkeiten durch Dritte ausführen läßt und dennoch den Gewinn daraus zieht.

Es dürfte andererseits jedoch nicht zutreffen, wenn man wegen des mit der Tätigkeit verbundenen Risikos § 485 HGB als einen Fall der Gefährdungshaftung ansieht[44]), da es sich um eine Haftung für fremdes Verschulden handelt[45]).

Die tatsächliche Kanalisierung wird dadurch begrenzt, daß der Reeder nur mit Schiff und Fracht haftet, § 486 Abs. 1 Satz 3 HGB. Entsprechendes gilt im Binnenschiffahrsrecht, § 4 Abs. 1 Satz 3 BinnSchG.

IV. § 2 HaftpflichtG

Weiter ist in diesem Zusammenhang die Bestimmung des § 2 HaftpflG zu erwähnen. Wer ein Bergwerk, einen Steinbruch oder eine Grube betreibt, haftet, wenn ein Bevollmächtigter oder ein Repräsentant oder eine zur Leistung oder Beaufsichtigung des Betriebes oder der Arbeiter angenommene Person durch ein Verschulden in Ausführung der Dienstverrichtungen den Tod oder die Körperverletzung eines Menschen herbeigeführt hat, für den dadurch entstandenen Schaden.

Diese Erfolgshaftung für Repräsentanten[46]) gewinnt ihre tatsächliche Kanalisierungswirkung wiederum allein aus wirtschaftlichen Gründen. Die tat-

---

40) *Schaps-Abraham*, 3. Aufl., Anm. 16 zu § 485, S. 39.

41) Adiektizische Natur der Haftung vgl. BGH 12. XII. 1957, BGHZ Bd. 26, S. 152 (157); BGH 3. XII. 1964, VersR 1965, S. 230 (231); *Schaps-Abraham*, 3. Aufl., Anm. 16 zu § 485, S. 39.

42) BGH 12. XII. 1957, BGHZ Bd. 16, S. 152 (157, 158).

43) HansOLG 22. I. 1915, HansGZ 1915, S. 69 (71); *Schaps-Abraham*, Anm. 16 zu § 485, S. 39.

44) *Schaps-Abraham*, 3. Aufl., Anm. 16 zu § 485, S. 39 mit weiteren Nachweisen.

45) *Westermann*, JuS 1961, S. 333 (334, 338).

46) *Esser*, 2. Aufl., § 58 c dd, S. 219.

sächliche Kanalisierung wird begrenzt durch die Haftungsbeschränkungen der §§ 3, 3 a HaftpflG.

Der rechtliche Grund dafür, daß der Betreiber sich in besonderem Maße mit den genannten Personen zu identifizieren hat[47]), kann nur darin erblickt werden, daß er eine gefahrbehaftete Tätigkeit auf sie delegiert hat und den Gewinn aus dieser Tätigkeit zieht. Es handelt sich aber auch hier nicht um eine Gefährdungshaftung[48]), sondern um eine Haftung für fremdes Verschulden[49]).

V. § 31 BGB

Eine weitgehende Identifikation zwischen der handelnden und der neben ihr haftenden Person wird schließlich durch § 31 BGB zum Ausdruck gebracht. Dabei ist die Identifikation hier aber vor allem dadurch bedingt, daß die juristische Person nicht anders als durch ihre gesetzlichen Vertreter handeln kann. Die tatsächliche Kanalisierung ergibt sich vorwiegend aus wirtschaftlichen Gründen.

VI. § 831 BGB

1. § 831 BGB in der geltenden Fassung

Als eine der tatsächlichen Kanalisierung entgegengesetzt wirkende Vorschrift hat Weitnauer § 831 BGB in der geltenden Fassung bezeichnet[50]). Anlaß war der in dieser Bestimmung vorgesehene Entlastungsbeweis.

a) Abgrenzung zur rechtlichen Kanalisierung

§ 831 BGB begründet eine Haftung für eine fremde Unrechtshandlung. Im Gegensatz zu den zuvor erwähnten Vorschriften wie §§ 485 HGB, 3 BinnSchG oder § 2 HaftpflG wird ein Verschulden des rechtswidrig handelnden Verrichtungsgehilfen jedoch nicht vorausgesetzt[51]). Der Geschäftsherr haftet auch aus eigenem Auswahlverschulden, wenn der handelnde Verrichtungsgehilfe mangels Verschulden nicht in Anspruch genommen werden kann. Die Haftung wird auf den Geschäftsherrn, und zwar auf ihn allein, gelenkt. Deshalb läßt sich § 831 BGB aber nicht als ein Fall der rechtlichen Kanalisierung bezeichnen; davon kann nur gesprochen werden, wenn die Schadensersatzpflicht auf eine von mehreren Personen gelenkt wird, die als Schadensschuldner in Betracht kommt[52]). Der bloß rechtswidrig handelnde Gehilfe aber kommt nach allgemeinen Vorschriften nicht als Schuldner in Frage.

---

47) *Westermann*, JuS 1961, S. 333 (334).

48) *Esser*, 2. Aufl., § 58 c dd, S. 219, der § 2 HaftpflG als einen Sonderfall auf dem Wege zur Gefährdungshaftung ansieht.

49) *Westermann*, JuS 1961, S. 333 (338); *Böhmer*, Das Reichshaftpflichtgesetz, § 2 E Anm. 1, S. 109.

50) *Weitnauer*, DB 1961, S. 666 (667).

51) *Esser*, 2. Aufl., § 205 1 b bb, S. 877.

52) *Weitnauer*, DB 1961, S. 666; *Scheidwimmer*, VersR 1962, S. 677; *Mosthaf*, VersR 1967, S. 197; *Kanno*, S. 9.

b) Tatsächliche Kanalisierung

Kanalisierende Wirkung könnte § 831 BGB also nur dann entfalten, wenn — wie es wohl praktisch die Regel ist — der Verrichtungsgehilfe schuldhaft einen Schaden verursacht hat; dann haftet der Gehilfe aus § 823 BGB[53]).

Eine Verantwortlichkeit des Geschäftsherrn ist zwar nur dann begründet, wenn ihn ein eigenes Verschulden bei der Auswahl, Anleitung oder Beaufsichtigung des Gehilfen oder der Beschaffung der Hilfsmittel trifft. Im Gegensatz zu den allgemeinen Beweisregeln hat aber nicht der Geschädigte dieses Verschulden dem Geschäftsherrn nachzuweisen; dieser muß vielmehr einen Entlastungsbeweis führen, wie sich aus der Fassung des § 831 Abs. 1 BGB ergibt.

Dem Geschädigten wird also durch eine Beweislastumkehr die Geltendmachung seines Anspruches erleichtert. Insofern steht er besser, als wenn er gegen den Gehilfen vorgeht, da er diesem ein Verschulden — nach allgemeinen Regeln — nachweisen muß, was stets schwierig ist.

Diese durch die Beweislastregelung geschaffene tatsächliche Kanalisierung[54]) wird dadurch verstärkt, daß die Rechtsprechung strenge Maßstäbe an die Führung des Entlastungsbeweises stellt, wie sie etwa in dem Institut des Organisationsverschuldens oder dem dezentralisierten Entlastungsbeweis deutlich geworden sind[55]). Hier zeigt die Rechtsprechung die gleiche Tendenz, wie sie bei der erwähnten[56]) Ausweitung des § 278 BGB deutlich geworden ist: den Geschäftsherrn in weitem Umfange für die Handlungen des Gehilfen haften zu lassen.

Der rechtliche Grund dafür ist darin zu erblicken, daß der Geschäftsherr den Verrichtungsgehilfen zu seinem Vorteil tätig werden läßt.

Auf Grund der Beweislastumkehr und der Auslegung des § 831 BGB durch die Rechtsprechung kann davon gesprochen werden, daß § 831 BGB auch in der geltenden Fassung kanalisierende Wirkung hat.

2. § 831 BGB in historischer Sicht

Nach dem Referentenentwurf 1967 soll der Geschäftsherr für Verschulden des Verrichtungsgehilfen haften ohne die Möglichkeit, einen Entlastungsbeweis zu führen[57]); der Geschäftsherr soll für fremdes Verschulden des Verrichtungsgehilfen auch dann allgemein haften, wenn keine vertragliche Beziehung zu dem Geschädigten besteht.

Diese — wegen der tatsächlichen Kanalisierung und ihrer rechtlichen Wirkungen[58]) — im Hinblick für die gesamte Wirtschaft bedeutsame Änderung des § 831 BGB läßt es gerechtfertigt erscheinen, die Entwicklung des § 831 BGB im Rahmen dieser Arbeit näher zu beleuchten.

---

[53]) *Palandt-Gramm*, 27. Aufl., Anm. 3 zu § 840, S. 737.
[54]) s. oben, S. 23, 24.
[55]) *Esser*, 2. Aufl., § 205 3 c, S. 881.
[56]) s. oben, S. 28. Fußnote 33.
[57]) Referentenentwurf I, S. 4.
[58]) s. oben, S. 25—26.

a) Altdeutsches Recht

Nach älterem deutschen Recht bestand eine reine Erfolgshaftung, so daß auch die Haftung des Geschäftsherrn für den Gehilfen von jeglichem Verschulden unabhängig war[59]).

b) Römisches Recht

Das klassische römische Recht enthielt keine allgemeinen Grundsätze zur Gehilfenhaftung[60]), sondern lediglich einzelne durchaus verschieden gestaltete Tatbestände der Haftung für fremdes Handeln[61]). Diese sahen in ihrer überwiegenden Zahl eine vom Verschulden des Geschäftsherrn unabhängige Haftung vor[62]); es sind lediglich Einzelfälle einer Gehilfenhaftung überliefert, in denen der Gedanke des Verschuldens bei der Auswahl des Gehilfen (culpa in eligendo) erheblich ist[63]).

Nach Seiler[64]) kann man vor allem deshalb in der römischen Rechtswirklichkeit eine umfassende Haftung für Hilfspersonen feststellen, weil sich der freie Römer überwiegend seiner (nicht rechtsfähigen) Haussöhne und Sklaven als Hilfspersonen bediente.

c) Meinungsstand vor Erlaß des Bürgerlichen Gesetzbuches

aa) Konservative Auffassung

Obwohl im römischen Recht durchaus nicht allgemein ein Verschulden des Geschäftsherrn für dessen Haftung vorausgesetzt wurde, hat doch die Rechtswissenschaft in Deutschland den Gedanken der culpa — unter Berufung auf das römische Recht — zum Maßstab der Gehilfenhaftung gemacht.

Dies schien deshalb konsequent, weil man — unter einseitiger Auslegung der Quellen[65]) — das Verschulden als ausschließlichen Maßstab der Haftung im römischen Recht ansah.

So sprach etwa Ihering vom Schuldbegriff als dem allgemeinen Haftungsmaßstab des entwickelten römischen Privatrechtes; es gebe kein Rechtsverhältnis, bei dem die Idee der Schuld nicht gebührende Beachtung finde[66]); er feierte die vollständige Durchführung des Schuldbegriffes als „die große Tat der classischen Jurisprudenz"[67]). Auf diese Auffassung ist es zurückzuführen, wenn § 831 BGB als Verschuldenshaftung ausgestaltet wurde[68]). Daneben aber stand der Einfluß der gewerblichen Wirtschaft und der Landwirtschaft; diese Interessengruppen sprachen sich gegen eine Ausweitung der Gehilfenhaftung — als Haftung ohne Verschulden des Geschäftsherrn — aus mit der Begründung, Teile der Industrie sowie der kleinen Landwirtschaft

---

[59]) *Esser*, 2. Aufl., § 205 2 b cc, S. 877.
[60]) *Kaser*, Römisches Privatrecht I, 505, 527.
[61]) *Kaser*, a. a. O., 527, 489, Anm. 26, 425, 505; *Seiler*, JZ 1967, S. 525 (526).
[62]) *Seiler*, JZ 1967, S. 525 (526).
[63]) Dig. 9, 2, 27, 9; 10, 2, 45, 1; *Seiler*, JZ 1967, S. 525 (526 Fußnote 10).
[64]) *Seiler*, JZ 1967, S. 525 (526).
[65]) *Seiler*, JZ 1967, S. 525 (526).
[66]) *Ihering*, S. 21.
[67]) *Ihering*, S. 22.
[68]) *Seiler*, JZ 1967, S. 525 (528).

würden eine so schwere Last kaum tragen können[69]). Die strenge Durchführung des Verschuldensprinzips diente diesen Interessen.

bb) Moderne Auffassung

Schon während des 17. deutschen Juristentages im Jahre 1884 war diese Problemlösung teilweise auf Ablehnung gestoßen und eine umfassendere Haftung des Dienstherrn vorgeschlagen worden[70]): der Rechtsverkehr verlange nach einer erweiterten Gehilfenhaftung, die von dem Gerechtigkeitsgefühl gebilligt werde. Die schwierige Frage nach der dogmatischen Einordnung in das Rechtssystem wurde bewußt nicht erörtert, weil die Vertreter dieser Ansicht ihr keinen entscheidenden Wert für die rechtspolitsche Entscheidung beimaßen[71]).

Auf dem 18. deutschen Juristentag konnte diese Auffassung sogar die Mehrheit der abgegebenen Stimmen für sich zählen[72]).

d) Referentenentwurf 1958

Die Diskussion um den § 831 BGB ist auch nach Erlaß des Bürgerlichen Gesetzbuches nicht zum Stillstand gekommen; sie wurde immer wieder angefacht durch die mannigfaltigen Wege, die die Rechtsprechung beschritt, um zu einer Haftung des Geschäftsherrn für deliktisches Verhalten des Gehilfen zu gelangen.

Der vom Bundesjustizministerium herausgegebene „Referentenentwurf eines Gesetzes zur Änderung und Ergänzung haftpflichtrechtlicher Vorschriften“ aus dem Jahre 1958 sieht die umfassende Haftung des Geschäftsherrn für schuldhaft rechtswidrige Handlungen des Gehilfen vor.

Neben kritischen Stimmen aus der Rechtswissenschaft, die diese allgemeine Haftung für einzelne Gruppen von Betrieben und Gehilfen (Hausangestellte) einschränken wollten[73]), wurde die vorgesehene Regelung in einer Stellungnahme des deutschen Industrie- und Handelstages, der als repräsentativ für die deutsche Wirtschaft gelten kann, abgelehnt[74]).

3. Referentenentwurf 1967

Nach dem Referentenentwurf 1967 soll — wie schon erwähnt[75]) — der Geschäftsherr für das Verschulden des Gehilfen haften, ohne Möglichkeit den Entlastungsbeweis zu führen.

Allgemein wird betont, § 831 BGB in der geltenden Fassung stehe nicht mit dem Rechtsgefühl in Einklang und sei sozial nicht erträglich[76]).

Die vorgesehene Neuregelung wird mit mehreren Überlegungen gerechtfertigt[77]). Im Vordergrund steht das Utilitätsprinzip, das aber mit einer

---

69) *Mugdan* II, S. 1094.
70) Verhandlungen des 17. deutschen Juristentages I, S. 125 (135).
71) Verhandlungen des 17. deutschen Juristentages II, S. 127.
72) Verhandlungen des 18. deutschen Juristentages II, S. 105, 106.
73) *Esser*, 2. Aufl., § 205 1 b dd, S. 878; *Westermann*, JuS 1961, S. 333 (342).
74) Zitiert nach *Weitnauer*, Karlsruher Forum, 1962, S. 6, 7.
75) s. oben, S. 32.
76) Referentenentwurf II, S. 98.
77) Referentenentwurf II, S. 105.

eigentümlichen,. stark an den Fahrlässigkeitsbegriff gemahnenden Definition verquickt wird. Die Möglichkeit, so heißt es, daß bei der dem Gehilfen übertragenen Verrichtung schuldhaft ein Schaden verursacht werde, lasse sich so wenig wie bei eigenem Handeln des Geschäftsherrn ausschließen. Da der Geschäftsherr diese Möglichkeit in Kauf nehme, erscheine es nicht nur billig, sondern auch folgerichtig, ihm das Haftungsrisiko, das er bei eigenem Handeln selbst hätte tragen müssen, auch bezüglich des Verschuldens des Gehilfen aufzuerlegen.

Weiter wird der Gedanke der Gefahrerhöhung verwandt: Bei Tätigkeiten, die der Geschäftsherr nach Art und Umfang nicht selbst wahrnehmen könne, vervielfältige sich mit den Handlungsrisiken auch das Haftungsrisiko.

§ 831 BGB in der vorgeschlagenen Fassung wird aber nicht als Gefährdungshaftung, sondern als Haftung für Verschulden bezeichnet[78]). Das entspricht der hier vertretenen Meinung, daß eine Haftung für fremdes Verschulden auch bei gefahrbehafteter Tätigkeit nicht als Gefährdungshaftung gewertet werden kann.

Zusammenfassend läßt sich sagen, der Referentenentwurf folgt in der dogmatischen Begründung der vorgesehenen Neuregelung dem Rechtsgrund, der den §§ 431, 456, 485 HGB, § 2 HaftpflG zugrunde liegt, nämlich der Verbindung des Utilitätsprinzips mit der besonderen Verantwortlichkeit, die sich aus einem erhöhten Risiko ergibt.

4. *Rechtsvergleichung*

a) Frankreich

Für das französische Recht sieht art. 1384 c.c.[79]) eine unbedingte Einstandspflicht des Geschäftsherrn für die von den Gehilfen verursachten Schäden vor; die dogmatische Begründung dieser Norm ist umstritten[80]); besonders betont wird die Vereinfachung von Streitigkeiten; der Geschädigte kann sich immer an den Geschäftsherrn halten.

b) Anglo-amerikanischer Rechtskreis

Im anglo-amerikanischen Recht haftet der Geschäftsherr gleichfalls ohne Entlastungsmöglichkeit für die von dem Gehilfen in Ausübung seiner Verrichtungen begangenen unerlaubten Handlungen[81]).

Es wird dies mit dem Grundsatz „respondeat superior“[82]) und dem Utilitätsprinzip gerechtfertigt. Schließlich wird darauf hingewiesen, der Geschäftsherr sei eher in der Lage, die Schäden über den Preis abzuwälzen. Die Norm sei eine notwendige Folge der modernen industriellen Entwicklung; sie bedürfe keiner anderen Rechtfertigung als eben der der industriellen Gesellschaft[83]).

---

78) Referentenentwurf II, S. 111.
79) s. oben, S. 12 Fußnote 49.
80) *Baur*, Karlsruher Forum 1962, S. 14, 15.
81) Referentenentwurf II, S. 90, 91.
82) *Schindel*, S. 121.
83) Referentenentwurf II, S. 91.

c) Schweiz

In der Schweiz wird der Entlastungsbeweis zugelassen. Der Geschäftsherr haftet für den Schaden, den seine Angestellten oder Arbeiter in Ausführung ihrer dienstlichen Verrichtungen verursacht haben, wenn er nicht nachweist, daß er alle nach den Umständen gebotene Sorgfalt angewandt hat, um einen Schaden dieser Art zu verhüten oder daß der Schaden auch bei Anwendung dieser Sorgfalt eingetreten wäre, Art. 55 OR.

d) Österreich

Nach § 1314 ABGB haftet derjenige, der eine Dienstperson ohne Zeugnis aufnimmt, nach § 1315 ABGB, wer wissentlich eine durch ihre Leibes- oder Gemütsbeschaffenheit gefährliche Person im Dienst behält oder sich einer untüchtigen Person zur Besorgung seiner Angelegenheiten bedient für den Schaden, den sie in dieser Eigenschaft einem Dritten zufügt. Die Haftung des Geschäftsherrn ist somit auf zwei Tatbestände eingeschränkt, die dem Geschädigten keine Beweiserleichterung geben[84]).

Allerdings gibt es auch in Österreich die Tendenz den — § 278 BGB entsprechenden — § 1313 a AGBGB auf gegenüber der Allgemeinheit bestehende Pflichten auszuweiten, insbesondere auf die Verkehrssicherungspflicht[85]).

Weitergehend haften bisher allein Eisenbahnunternehmer und Kraftfahrzeughalter ohne Exculpationsbeweis für das Verschulden der Personen, die mit ihrem Willen beim Betrieb der Eisenbahn oder des Kraftfahrzeuges tätig sind[86]).

Diese Rechtslage befriedigt in Österreich nicht mehr. Bereits im Jahre 1957 hat das Bundesjustizministerium eine Sachverständigenkommission einberufen; diese hat eine Erweiterung der Gehilfenhaftung vorgeschlagen.

Von Interesse ist dabei, daß die umfassende Einstandspflicht für schuldhaft rechtswidriges Handeln[87]) der Gehilfen nur Unternehmen, nicht aber Privatpersonen auferlegt werden soll. Dafür ist die Erwägung maßgebend, daß der Nichtunternehmer zwischen sich und dem herangezogenen Gehilfen eine Trennlinie ziehen darf, weil er nicht ohne weiteres berufen ist, für das Verschulden des ihm häufig überlegenen Gehilfen einzustehen. Der Unternehmer hingegen habe sich mit seinen Gehilfen zu identifizieren, weil für ihn das gesamte Unternehmen einschließlich der Tätigkeit der Gehilfen ein geschlossenes Wagnis darstelle. Er könne dieses Wagnis in die Preise einkalkulieren und es so auf die Allgemeinheit überwälzen. Der Unternehmer, der Gewinn und Wagnis in der Hand halte, sei der Konzentrationspunkt der Haftung[88])[89]).

---

84) *Edlbacher*, Karlsruher Forum 1962, S. 17 (18).

85) OGH 21. I. 1926, ZAusl IPR 1928, S. 185; *Klang-Wolff*, 2. Aufl., § 1313 a, S. 88; a. A. *Edlbacher*, Karlsruher Forum 1962, S. 17 (18); OGH 27. X. 1936, SZ XVIII, 150.

86) § 19 EKHG.

87) *Edlbacher*, Karlsruher Forum 1962, S. 17 (20).

88) *Edlbacher*, Karlsruher Forum, 1962, S. 17 (19).

89) Auf Grund gleicher Erwägungen war schon auf dem 17. deutschen Juristentag 1884 angeregt worden, lediglich gewerbliche Betriebe mit der erweiterten Gehilfenhaftung zu belasten; vgl. *Seiler*, JZ 1967, S. 525 (529 r.).

Schon dieses Wort „Konzentrationspunkt" drückt aus, daß auch im österreichischen Recht der Wille besteht, die Haftung auf den Unternehmer zu lenken, sie auf ihn zu kanalisieren. Dabei erscheint es als wichtig, daß versucht wird, dies auch mit wirtschaftlichen Gesichtspunkten zu rechtfertigen; wirtschaftliche Gründe stehen vielfach im Vordergrund der tatsächlichen Kanalisierung der Haftung.

5. Kanalisierungswirkung

a) Rechtliche Begründung

Ein entscheidender Gesichtspunkt der gesamten Diskussion um § 831 BGB ist, ob es wirtschaftlich tragbar erscheint, die Gehilfenhaftung zu erweitern[90]). Schon auf dem 17. deutschen Juristentag war deshalb vorgeschlagen worden, lediglich gewerbliche Betriebe, nicht aber Privatpersonen mit der ausgedehnten Gehilfenhaftung zu belasten[91]). Die erwähnte Stellungnahme des deutschen Industrie- und Handelstages[92]) zeigt, daß sich auch heute die Industrie und der Handel ablehnend gegenüber der erweiterten Haftung verhalten.

Das kann nur aus der Befürchtung resultieren, in höherem Maße, als es heute der Fall ist, in Anspruch genommen zu werden und den entstandenen Schaden tragen zu müssen, obwohl neben der Haftung des Geschäftsherrn die des Gehilfen bestehen bleiben würde.

Es ist letztlich auch der Wille, die Haftung auf den Geschäftsherrn zu konzentrieren, welcher Anlaß zu der immer wieder auflebenden Diskussion um § 831 BGB gibt. Mit der Haftung soll belastet werden, wer den Vorteil aus der Tätigkeit des Gehilfen zieht: nicht der Geschädigte, sondern der Geschäftsherr soll das Personalrisiko tragen.

Am Beispiel dieser Diskussion um § 831 BGB wird so augenscheinlich, von welcher Bedeutung es für die Rechtswirklichkeit ist, wenn ein Gläubiger zwei Schuldner hat, von denen in der Regel immer nur einer leistungsfähig sein wird. Die dadurch ausgelöste tatsächliche Kanalisierung kann aber weder im Falle des § 831 BGB noch der übrigen hier untersuchten Normen als ein zufälliges Ergebnis angesehen werden. Sie rührt vielmehr daher, daß in den in Frage stehenden Fällen die dem Gehilfen vom Geschäftsherrn übertragenen Mittel und Kräfte, ihn zu Handlungen befähigen, die in keinem Verhältnis zu seinem eigenen Vermögen stehen[93]). Deshalb entspricht es auch dem Gerechtigkeitsgefühl, die Haftung auf den Geschäftsherrn zu kanalisieren[94]).

b) Tatsächliche Einschränkung

Stoll hat davor gewarnt[95]), den Kanalisierungseffekt der angestrebten Neuregelung des § 831 BGB zu überschätzen. Nach der Neuregelung muß

---

90) A. A. *Weitnauer*, Karlsruher Forum 1962, S. 3 (7).
91) *Seiler*, JZ 1967, S. 525 (529).
92) s. oben, S. 34.
93) *Westermann*, JuS 1961, S. 333.
94) *Westermann*, JuS 1961, S. 333.
95) Nach *Weitnauer*, Karlsruher Forum 1962, S. 3 (7).

der Geschädigte nach allgemeinen Regeln beweisen, daß den Verrichtungsgehilfen ein Verschulden trifft, denn nur dann soll der Geschäftsherr haften. Die Beweislastumkehr im geltenden § 831 Abs. 1 BGB wird aufgehoben, weil der Anspruch nicht mehr auf eigenes Verschulden des Geschäftsherrn gegründet werden soll.

Stoll ist der Ansicht, diese veränderte Beweislage werde den Geschädigten nicht besser, sondern eher schlechter stellen als das bisherige Recht. Diese Auffassung macht deutlich, welches Gewicht den Beweislastregelungen im Rahmen der tatsächlichen Kanalisierung zugesprochen werden kann[96]). Ob sie zutreffend ist, läßt sich zur Zeit wohl kaum sagen; dies wird wesentlich von der Haltung der Gerichte abhängen; nach der bisherigen Rechtsprechung zu § 278 BGB und § 831 BGB läßt sich jedoch vermuten, daß die Gerichte die — hier als gerecht erkannte — tatsächliche Kanalisierung fördern werden.

Auch Seiler[97]) steht der Auffassung, mit der Neuregelung des § 831 BGB werde die Stellung des Geschädigten verstärkt, zurückhaltend gegenüber. Er wirft dazu die Frage auf nach der Anzahl und dem Umfang der Fälle, in denen der Geschäftsherr unter der geltenden Regelung trotz deliktischen Handelns des Gehilfen im Ergebnis der Haftung entgeht. Dies könnte nur eine rechtssoziologische Untersuchung klären, der jedoch praktische Schwierigkeiten begegnen.

C. Zusammenfassende Beurteilung

1. Ursache der tatsächlichen Kanalisierung

Die Fälle, in denen die Erscheinung der tatsächlichen Kanalisierung deutlich geworden ist, stammen aus der Sphäre des sich wirtschaftlich betätigenden Menschen, aus dem Raum Geschäftsherr und Gehilfe. Die tatsächliche Kanalisierung rührt dabei daher, daß der handelnde Gehilfe regelmäßig nicht in der Lage ist, den von ihm verursachten Schaden zu ersetzen. Sein Handeln zugunsten des Geschäftsherrn läßt ihm ein Entgelt zufließen, daß in keinem Verhältnis zu den von ihm beherrschten Kräften steht, mit denen er den Schaden auslöst[98]).

2. Forderung der Gerechtigkeit

Mit der zunehmenden Industrialisierung ist deshalb das Bedürfnis gewachsen, auch denjenigen haften zu lassen, für den und mit dessen Mitteln der Gehilfe handelt. Es besteht die Tendenz des Gesetzgebers und der Rechtsprechung, in diesem Sinne die Haftung auf den wirtschaftlich Stärkeren zu kanalisieren[99]). Das gilt nicht nur für die Bundesrepublik Deutschland, sondern auch für andere Staaten. In einer Industriegesellschaft wird diese Entwicklung geradezu als ein Postulat der Gerechtigkeit angesehen[100]).

---

96) s. oben, S. 24.
97) *Seiler*, JZ 1967, S. 525 (529).
98) *Westermann*, JuS 1961, S. 333.
99) *Wilburg*, Elemente, S. 201.
100) Referentenentwurf II, S. 104.

In der Bundesrepublik Deutschland zeigt sie sich besonders an der Auslegung des § 831 BGB und dessen Umgehung mit Hilfe des § 278 BGB. § 831 BGB ist dabei in einem weiten Raum zum „Papierrecht" geworden, wie in der Rechtssoziologie Normen bezeichnet werden, die in ihrem eigentlichen Gehalt von den Gerichten nicht mehr angewandt werden[101]).

3. *Rechtfertigung der Begriffsbildung*

a) Rechtswirklichkeit

Der Begriff der tatsächlichen Kanalisierung gewinnt seine Rechtfertigung in erster Linie aus der Rechtswirklichkeit; deren Beachtung muß auch Sache der Rechtswissenschaft sein[102]).

b) Rechtliche Auswirkungen

Die tatsächliche Kanalisierung hat aber auch rechtliche Bedeutung für den betroffenen Schuldner. Der zunächst von dem Gläubiger in Anspruch genommene Schuldner hat das Prozeß- und Vollstreckungsrisiko seines Ausgleichsanspruchs gegen den mithaftenden Schuldner zu tragen[103]).

4. *Bedeutung der verbleibenden allgemeinen Haftungsnormen*

Wenn auch tatsächlich die Haftung auf den Geschäftsherrn konzentriert wird, so führt dies nicht dazu, daß die Normen, die die Haftung des Gehilfen begründen, zum Papierrecht werden. Dies geschieht zum einen deshalb nicht, weil die Haftung des Geschäftsherrn teilweise rechtlich nur an die Haftung des Gehilfen geknüpft wird, adiektizische Haftung; zum anderen behalten sie dann Bedeutung, wenn sie dem Geschädigten weitergehende Ansprüche gegen den Gehilfen (Schmerzensgeld) als gegen den Geschäftsherrn gewähren.

5. *Begriffsinhalt*

Tatsächliche Kanalisierung der Haftung besteht dann, wenn gewisse Umstände innerhalb oder außerhalb des Normensystems in der Regel dazu führen, daß der Gläubiger stets nur einen bestimmten unter mehreren ihm haftenden Schuldnern in Anspruch nimmt.

2. KAPITEL: WIRTSCHAFTLICHE KANALISIERUNG

Wirtschaftlich ist die Haftung dann auf eine Person kanalisiert, wenn im Innenverhältnis von mehreren nach außen einem Gläubiger haftenden Schuldnern nur eine Person den Schaden zu tragen hat[1]).

Von der tatsächlichen Kanalisierung unterscheidet sich die wirtschaftliche Kanalisierung dadurch, daß im Innenverhältnis einer der haftenden Schuld-

---

101) *Llewellyn*, S. 71.
102) *Esser*, Rechtssoziologie, S. 762—768.
103) Zu einer weiteren Wirkung, vgl. oben, S. 25.
1) *Weitnauer*, DB 1961, S. 666; *Edlbacher*, ÖJZ 1967, S. 477 (479).

ner rechtlich verpflichtet ist, die mithaftenden Schuldner von dem Haftungsrisiko zu entlasten.

Die Sachverhalte, bei denen eine wirtschaftliche Kanalisierung in diesem Sinne beobachtet werden kann, finden sich in verschiedenen Rechtsgebieten.

Es soll untersucht werden, ob und welche Merkmale dennoch allen Ausprägungen gemeinsam sind, um auf diese Weise zu erkennen, ob ihnen ein gemeinsamer Rechtsgedanke zugrunde liegt.

I. § 840 Abs. 2 und Abs. 3 BGB

1. Zum Inhalt der Normen

Abweichend von der allgemeinen Vorschrift des § 426 Abs 1 BGB, nach der mehrere Gesamtschuldner im Verhältnis zueinander zu gleichen Teilen verpflichtet sind, ist in § 840 Abs. 2 und Abs. 3 BGB geregelt, daß bestimmte Personen den entstandenen Schaden allein zu tragen haben.

So ist nach § 840 Abs. 2 BGB im Verhältnis des Geschäftsherrn zum Gehilfen, § 831 BGB, und des Aufsichtspflichtigen zum Beaufsichtigten, § 832 BGB, jeweils der letztere allein verpflichtet; im Falle der Billigkeitshaftung nach § 829 BGB ist dagegen im Innenverhältnis allein der Aufsichtspflichtige verantwortlich.

Ist neben dem Tierhalter und den weiteren nach §§ 833 bis 838 BGB haftpflichtigen Personen außerdem ein Dritter für den entstandenen Schaden haftbar, so ist nach § 840 Abs. 3 BGB der Dritte im Innenverhältnis allein verpflichtet, den Schaden zu tragen.

2. Anwendungsbereich

Im Anschluß an § 840 Abs. 3 BGB werden vor allem zwei Fragen diskutiert:

a) Dritter im Sinne des Gesetzes

Es fragt sich erstens, ob die volle Schadensüberwälzung unabhängig von der Haftungsgrundlage der internen Schadensträger gegenüber den Verletzten gelten soll. So hat das Reichsgericht[2]) in einer früheren Entscheidung diese Bestimmung auch auf solche Dritten angewandt, die wie der Eisenbahnunternehmer lediglich aus Gefährdungshaftung verantwortlich sind. Diese Entscheidung läßt sich wohl auf den Wortlaut des § 840 Abs. 3 BGB gründen, indes drängt es sich auf, ob nicht eine einschränkende Auslegung der Norm derart, daß nur schuldhaft handelnde Dritte erfaßt werden, der materiellen Gerechtigkeit eher entsprechen würde.

Hier tut sich wieder auf[3]), daß der Gesetzgeber in den §§ 823 ff. BGB überwiegend die Rechtsfolgen für schuldhaft rechtswidrige Handlungen geregelt hat. Weiter ist es bedeutsam, daß der § 840 Abs. 3 BGB — wie von

---

2) RG 27. VI. 1904, RGZ Bd. 58, S. 335 (336).
3) s. oben, S. 5—6.

keiner Seite angezweifelt[4]) — eine Billigkeitslösung darstellt. Man kann deshalb davon ausgehen, daß das Gesetz nur die in den § 823 ff. BGB geregelten Tatbestände im Auge hat und keinesfalls eine allgemeine Regelung treffen wollte. Schließlich läßt sich darauf hinweisen, daß die gegenteilige Auffassung zu ausgesprochen unbilligen Ergebnissen führen kann; bespielsweise könnte ein aus Verschulden haftender Tierhalter, § 833 Satz 2 BGB, intern seinen gesamten Schaden auf einen nur haftpflichtrechtlich Verantwortlichen überwälzen[5]).

Demgegenüber muß der Gedanke, die Gefährdungshaftung, soweit sie nicht im Bürgerlichen Gesetzbuch geregelt sei, rechtfertige intern eine Überwälzung der Haftung in den Fällen des § 840 Abs. 3 BGB, zurücktreten. Diese Auffassung, die etwa darauf zu gründen wäre, daß den außerhalb des Bürgerlichen Gesetzbuches geregelten Haftpflichttatbeständen eine gefährlichere Tätigkeit als etwa die Tierhaltung zugrunde liege, ist dem Bürgerlichen Gesetzbuch fremd. § 840 Abs. 3 BGB kann deshalb nur auf schuldhaft handelnde Dritte angewandt werden[6]).

b) Verhältnis von Verschuldens- und Gefährdungshaftung

Praktisch bedeutsamer ist die zweite Streitfrage, nämlich ob § 840 Abs. 3 BGB allgemein auf das Zusammentreffen einer Gefährdungshaftung mit einer Deliktshaftung angewandt werden muß.

Indes ist die analoge Anwendung des § 840 Abs. 3 BGB auf die Gefährdungshaftung nicht möglich, weil die von dieser Norm erfaßten Fälle wesensverschieden sind; ein allgemeiner Gedanke, daß bei dem Zusammentreffen von Gefährdungs- und Verschuldenshaftung nur derjenige den Schaden wirtschaftlich tragen soll, der schuldhaft gehandelt hat, läßt sich aus § 840 Abs. 3 BGB nicht gewinnen, wie ein Vergleich der einzelnen Tatbestände zeigt[7]): in allen von § 840 Abs. 3 BGB genannten Tatbeständen außer § 833 Satz 1 BGB liegt eine Verschuldenshaftung vor.

3. *Ursachen der Kanalisierung*

§ 840 BGB ist die für den Ausgleich von mehreren gesetzlich haftenden Schuldnern maßgebliche Norm. § 840 Abs. 2 und Abs. 3 BGB schränken die allgemeine Regel des § 426 Abs. 1 Satz 1 BGB maßgeblich ein; sie führen zu einer wirtschaftlichen Kanalisierung, da nur einer unter mehreren gesamt-

---

4) *Esser*, 2. Aufl., § 207 4 b, S. 904.

5) *Esser*, 2. Aufl., § 207 4 b, S. 904; OLG Hamm 13. VII. 1957, NJW 1958, S. 346.

6) *Esser*, 2. Aufl., § 207 4 b, S. 904; *Larenz*, Schuldrecht II, 8. Aufl., § 68 II, S. 460, 461; *Palandt-Gramm*, 27. Aufl., Anm. Bc zu § 840, S. 738; *Erman-Drees*, 4. Aufl., Anm. 4 c aa zu § 840, S. 1838; BGB-RGRK-*Haager*, 11. Aufl., Anm. 11 zu § 840, S. 1519 unter Bezugnahme auf eine nicht veröffentlichte Entscheidung des BGH.

7) BGH 24. III. 1952, BGHZ Bd. 6, S. 3 (28); 23. VI. 1952, BGHZ Bd. 6, S. 321 (322); *Esser*, 2. Aufl., § 207 4, S. 904; *Larenz*, Schuldrecht II, 8. Aufl., § 68 II, S. 460; *Palandt-Gramm*, 27. Aufl., Anm. 3 Ba zu § 840, S. 737.

schuldnerisch Haftenden mit dem Risiko im Innenverhältnis belastet werden soll.

§ 840 Abs. 2 und Abs. 3 BGB könnten deshalb für die Erkenntnis eines Grundgedankens der wirtschaftlichen Kanalisierung wesentlich sein.

a) Verschuldenshaftung im Verhältnis zur Gefährdungshaftung

Palandt-Gramm und Leonhard[8]) meinen, der Gedanke des § 840 Abs. 3 BGB bestehe darin, daß beim Zusammentreffen von Verschuldens- und Gefährdungshaftung nur derjenige den ganzen Schaden tragen solle, der schuldhaft gehandelt habe. Unterstellt man einmal, diese Ansicht wäre zutreffend, so wäre das für die Kanalisierung maßgebliche Moment hier das Verschulden. Die verschuldete Verursachung würde vom Gesetzgeber schwererwiegend bewertet als die Haftung aus gefährlicher Tätigkeit. Nicht wirtschaftliche, sondern ethische Vorstellungen führten zur Verteilung des Schadens.

Indes wurde schon darauf hingewiesen, daß § 840 Abs. 3 BGB einen solchen — von Palandt-Gramm angenommenen — Grundgedanken nicht enthält. Er ergibt sich auch nicht aus § 840 Abs. 2 BGB, denn die dort angesprochene Haftung ist ebenfalls eine Haftung aus eigenem Verschulden.

b) Unmittelbarer Schädiger im Verhältnis zum mittelbaren Schädiger

Larenz will den Grundgedanken darin erblicken, daß der unmittelbare Schädiger im Verhältnis zu demjenigen, der den Schaden durch eine Verletzung seiner Pflicht zu sorgfältiger Auswahl, Bestellung, Beaufsichtigung und Überwachung nur mittelbar ermöglicht hat, allein aufkommen soll[9]). Dies, wie die für § 829 BGB gemachte Ausnahme, sei deshalb geschehen, „weil das Gesetz des Verschuldens des unmittelbaren Schadensverursachers regelmäßig als das schwerwiegendere ansieht". Larenz betont aber zugleich, daß dieser Gedanke über die ausdrücklich geregelten Fälle hinaus nicht erweitert werden dürfe[10]).

c) Stellungnahme

Beschränkt man diese Auffassung in diesem Sinne, so wird man ihr zustimmen können. Ein allgemeines Prinzip der wirtschaftlichen Kanalisierung auf den unmittelbaren Schädiger gibt es hingegen nicht. So haftet beispielsweise der nach § 831 BGB verpflichtete Geschäftsherr neben einem Dritten, der nicht Verrichtungsgehilfe ist, intern anteilsmäßig.

Esser meint aus diesem Grunde, § 840 Abs. 2 und Abs. 3 BGB entbehrten überhaupt eines tragenden Gedankens; die bezeichneten Fälle würden ohne erkennbaren Sinn privilegiert[11]).

---

[8]) *Palandt-Gramm*, 27. Aufl., Anm. 3 Ba zu § 840, S. 737, unter Hinweis auf RG 22. III. 1909, RGZ Bd. 71, S. 7 (8); *Leonhard*, S. 624.

[9]) *Larenz*, Schuldrecht II, 8. Aufl., § 68 II, S. 461.

[10]) So auch die ständige Rspr. BGH 24. III. 1952, BGHZ Bd. 6, S. 3 (26); *Erman-Drees*, 4. Aufl., Anm. 4 a zu § 840, S. 1838.

[11]) *Esser*, 2. Aufl., § 207 4, S. 904.

4. Referentenentwurf

Nach dem Referentenentwurf 1967 sollen Abs. 2 und Abs. 3 des § 840 BGB ersatzlos entfallen[12]). Namentlich im Hinblick auf die Haftung des Gehilfen wird man dies begrüßen können; die wirtschaftliche Kanalisierung der Haftung auf den Gehilfen steht im Widerspruch zu dem Gedanken, daß der Geschäftsherr den Nutzen aus der Tätigkeit des Gehilfen zieht. Nach allgemeinen Regeln haften mithin in der Zukunft Geschäftsherr und Gehilfe anteilsmäßig.

II. § 841 BGB

Die Unterscheidung zwischen mittelbarem und unmittelbarem Schädiger und die damit verbundene Kanalisierungswirkung gilt nach § 841 BGB auch dann, wenn ein Beamter mittelbar für einen von einem Dritten verursachten Schaden verantwortlich ist. Auch hier bewertet das Gesetz die unmittelbare Verursachung als schwerer wiegend.

III. Haftungsbeschränkung bei gefahrgeneigter Tätigkeit im Arbeitsrecht

Ein weiterer Fall der wirtschaftlichen Kanalisierung ist in der Rechtswirklichkeit von großer Bedeutung: die Haftungsbeschränkung bei gefahr- oder schadengeneigter Tätigkeit im Arbeitsrecht. Eine solche Tätigkeit ist dann anzunehmen, wenn die Eigenart der dem Arbeitnehmer übertragenen Tätigkeit eine hohe Wahrscheinlichkeit mit sich bringt, daß dem Arbeitnehmer, obwohl er die für die Arbeit erforderliche Eignung besitzt und in aller Regel die nötige Sorgfalt anwendet, ein an sich vermeidbares Versehen unterläuft und dadurch ein Schaden ausgelöst wird[13]). Dazu sind auch solche Arbeiten zu zählen, bei denen zwar nicht die Schadenshäufigkeit, wohl aber die Höhe des Schadens außergewöhnlich ist[14]).

1. Von gefahrgeneigter Tätigkeit erfaßte Fallgruppen

Die Lehre der Haftungsbeschränkung bei gefahrgeneigter Tätigkeit ist vielfach dargestellt und behandelt worden[15]). Dies zu wiederholen ist hier nicht beabsichtigt. Es soll lediglich versucht werden, die für die wirtschaftliche Kanalisierung maßgeblichen Motive zu erkennen und zu ordnen.

Dies führt bereits zu einer Einschränkung der von der Haftungsbeschränkung für gefahrgeneigte Tätigkeit erfaßten Fälle. Diese lassen sich nämlich in vier Gruppen zusammenfassen:

erstens der Schädigung des Arbeitgebers;

zweitens der Schädigung eines betriebsfremden Dritten;

drittens der Schädigung eines Arbeitskollegen;

viertens der Schädigung eigener Sachen des Arbeitnehmers.

---

[12]) Referentenentwurf I, S. 6; Referentenentwurf II, S. 143.
[13]) *Hueck-Nipperdey* I, 7. Aufl., § 35 II 4, S. 232.
[14]) *Gaul*, DB 1962, S. 166; *Huber*, S. 67.
[15]) *Rother*, S. 254 Fußnote 4.

2. *Fall der wirtschaftlichen Kanalisierung*

a) Grundsatz

Allein in der zweiten Fallgruppe ergibt sich nach der Rechtsprechung[16]), der die Literatur einhellig folgt[17]), die für die wirtschaftliche Kanalisierung typische Rechtslage: Schädigt ein Arbeitnehmer in Ausübung einer gefahrgeneigten Tätigkeit einen betriebsfremden Dritten, so hat der dem Dritten regreßpflichtige Arbeitnehmer einen Freistellungs- bzw. Ersatzanspruch gegen seinen Arbeitgeber. Während im Außenverhältnis entweder der Arbeitnehmer allein oder zusammen mit dem Arbeitgeber, § 831 BGB, ersatzpflichtig ist, hat im Innenverhältnis der Arbeitgeber den Schaden zu tragen.

b) Einschränkung

Allerdings ist der Arbeitgeber nicht stets verpflichtet, den gesamten Schaden wirtschaftlich zu tragen. Ob und in welcher Höhe der Arbeitnehmer Freistellung bzw. Ersatz verlangen kann, ist nach der Rechtsprechung von einer Vielzahl von Umständen abhängig; dazu zählen die Größe der in der Arbeit liegenden Gefahr, das vom Arbeitgeber einkalkulierte und durch Versicherung deckbare Risiko, die Höhe des Schadens, die Stellung des Arbeitnehmers im Betrieb, die Höhe des Arbeitsentgeltes, persönliche Umstände des Arbeitnehmers, wie die Dauer der Betriebszugehörigkeit, sein Lebensalter, die Familienverhältnisse, sein bisheriges Verhalten und — von besonderer Wichtigkeit — der Grad seines Verschuldens[18]).

Ist der Vorwurf, der dem Arbeitnehmer zu machen ist, gering, so soll seine Ersatzpflicht in der Regel ganz entfallen[19]), andererseits soll er den Schaden bei schwerem Verschulden[20]) in der Regel allein tragen. In den dazwischen liegenden Fällen soll eine Schadensteilung stattfinden[21]). Es kann bei dieser gestuften „Schadensverteilung nach Billigkeit"[22]) also nicht immer von einer wirtschaftlichen Kanalisierung des Schadens auf den Arbeitgeber gesprochen werden.

3. *Ursachen der Kanalisierung*

Wenngleich die Haftungsbeschränkung bei gefahrgeneigter Tätigkeit im Wege der ständigen Rechtsprechung bereits als Gewohnheitsrecht gelten

---

16) RAG 18. XII. 1940, ARS Bd. 41, S. 55 (61); 30. IX. 1941, ARS Bd. 43, S. 108 (111, 112); BAG 25. VIII. 1957, BAGE Bd. 5, S. 1 (8).

17) *Hueck-Nipperdey* I, 7. Aufl., § 35 II 4 d, S. 235.

18) RAG 18. XII. 1940, ARS Bd. 41, S. 55 (61); 14. I. 1941 ARS Bd. 41, S. 259 (265); 30. IX. 1941, ARS Bd. 43, S. 108 (111); 26. III. 1943 ARS Bd. 46, S. 146; BAG 25. VIII. 1957, BAGE Bd. 5, S. 1 (7).

19) BAG 25. VIII. 1957, BAGE Bd. 5, S. 1 (4, 5, 7).

20) Zu dem Verhältnis von einfachem und schwerem Verschulden zu leichter und grober Fahrlässigkeit vgl. BAG 25. VIII. 1957, BAGE Bd. 5, S. 1 (18).

21) Vgl. die bei *Rother*, S. 254 Fußnote 2 zitierte Rspr.; *Steindorff*, JZ 1959, S. 1 (7); *Rother*, S. 275 Fußnote 3, und *Larenz* betonen, daß nach der Rechtsprechung Schadensteilung selten ist; *Larenz*, Schuldrecht II, 8. Aufl., § 48 II 3 d, S. 212.

22) *Larenz*, Schuldrecht II, 8. Aufl., § 48 II 3 d, S. 212.

kann[23]), ist ihre Begründung und Rechtfertigung immer noch zweifelhaft. Damit wird zugleich die Frage berührt, welche Momente den Kanalisierungseffekt herbeiführen.

a) Arbeitsrechtliche Treue- und Fürsorgepflicht

Die Beschränkung der Haftpflicht des Arbeitnehmers wird von der Rechtsprechung aus dem Wesen der an das Arbeitsverhältnis gebundenen besonderen Fürsorgepflicht des Arbeitgebers abgeleitet[24]); dem folgt die Literatur teilweise[25]). Dies Pflicht konkretisiere sich dahin, daß der Arbeitgeber dem Arbeitnehmer keine Belastung mit solchen Schäden und Schadensersatzansprüchen zumuten dürfe, die letztlich aus der besonderen Gefahr der übertragenen Arbeit folgen und als solche zum typischen vom Arbeitgeber zu tragenden Betriebsrisiko gehören, auch wenn sie im Einzelfall vom Arbeitnehmer fahrlässig herbeigeführt worden sind[26]).

Die wirtschaftliche Kanalisierung, die durch die so spezifizierte Fürsorgepflicht ausgelöst wird, ist hiernach aus dem allgemeinen Grundsatz von Treu und Glauben, § 242 BGB, ableitbar; die im Arbeitsrecht so ausgeprägte Fürsorgepflicht ist eine aus § 242 BGB begründete Nebenpflicht[27]).

Der Rechtsprechung liegt somit ein inhaltlich sehr weites Kriterium, daß der Billigkeit, zugrunde. Je weiter ein Kriterium aber ist, desto mehr entbehrt es der Rechtklarheit; die Grenze muß in jeder gerichtlichen Entscheidung immer wieder neu festgelegt werden, was dazu führt, daß Entscheidungen kaum voraussehbar sind[28]).

Auch aus diesen Gründen ist gegen die Rechtsprechung eingewandt worden, sie führe zu einer „Verflachung des Schadensersatzrechtes", und zugleich dafür plädiert worden, die aus der Billigkeit hergeleiteten Gründe erst in der Vollstreckung zu berücksichtigen[29]).

Im übrigen vollzog sich die Entwicklung aber unter allgemeiner Zustimmung der Wissenschaft und Praxis. Es wird nicht angezweifelt, daß es gerecht sei, den Arbeitnehmer ganz oder teilweise von seiner Schadensersatzpflicht intern zu entlasten[30]), jedoch wird teilweise die Begründung aus der Fürsorgepflicht als unzureichend empfunden[31]).

---

23) *Larenz*, Schuldrecht II, 8. Aufl., § 48 II 3 d, S. 212; *Steindorff*, Festschrift für *Dölle* I, S. 273 (290).
24) BAG 25. VIII. 1957, BAGE Bd. 5, S. 1 (8); BGH 10. I. 1955, BGHZ Bd. 16, S. 111 (116).
25) *Hueck-Nipperdey* I, 7. Aufl., § 35 II 4, S. 233; *Nikisch*, 3. Aufl., § 27 V 4, S. 305.
26) Dies war zunächst nur für den Schaden ausgesprochen, den der Arbeitnehmer dem Arbeitgeber zugefügt hat; dann ist der Grundsatz auch auf die Schäden übertragen worden, die der Arbeitnehmer einem Dritten zufügt, vgl. BAG 25. VIII. 1957, BAGE Bd. 5, S. 1 (8).
27) *Soergel-Siebert*, 9. Aufl., Anm. 61, 72 zu § 242, S. 825, 827.
28) *Rother*, S. 264.
29) *Butz*, DB 1950, S. 614 (615).
30) *Rother*, S. 254, 255.
31) *Larenz*, Schuldrecht II, 8. Aufl., § 48 II 3 d, S. 213.

b) Gefährdungshaftung

Dersch vertritt die Ansicht, den Arbeitgeber treffe hinsichtlich der in seinem Betrieb bestehenden Schadensmöglichkeiten eine Art von Gefährdungshaftung, weil erfahrungsgemäß Schäden durch leichte Versehen in Fällen besonders gefahrbehafteter Arbeit auch bei Anwendung aller erdenklichen Sorgfalt unvermeidbar seien; da der Unternehmer auf diese Weise eine Mitursache für die Entstehung des Schadens gesetzt habe, sei § 254 BGB sinngemäß anwendbar[32]); bei leichter Fahrlässigkeit des Arbeitnehmers habe dann stets der Arbeitgeber, bei grober Fahrlässigkeit aber immer der Arbeitnehmer den Schaden zu tragen.

So kristallisiert sich als der eigentliche Kanalisierungseffekt die von Dersch angenommene Gefährdungshaftung des Arbeitgebers heraus. Diese Gefährdungshaftung[33]) wird gegenüber leichter Fahrlässigkeit als schwerer wiegend angesehen, so daß sie die Haftung aus leichter Fahrlässigkeit verdrängt.

Dersch gelangt zu dieser Wertung allerdings nicht durch einen abstrakten Vergleich der beiden Haftungsarten. Er stellt seine Auffassung vielmehr ausschließlich in den Rahmen des Arbeitsverhältnisses und leitet sie aus einem von ihm sogenannten „sozialrechtlichen Schutzprinzip" ab, welches er als den „soziologischen Urgrund" des Arbeitsrechtes bezeichnet[34]). Ähnlich hat sich Meinert[35]) geäußert.

Dieser Auffassung steht der Einwand entgegen, daß die Fälle der Gefährdungshaftung gesetzlich abschließend geregelt sind, eine Erweiterung auf Schäden aus gefahrgeneigter Tätigkeit also nicht möglich ist[36]).

Indes läßt sich nicht verkennen, daß das Moment der Gefahr die ausschlaggebende tatsächliche Rolle bei der hier interessierenden Problematik spielt, und die Parallele zur Gefährdungshaftung deshalb nicht als so entfernt erscheint. Möglicherweise wird hier ein Schadensersatzprinzip wirksam, das in unmittelbarer Nähe zur Gefährdungshaftung steht.

c) Schadenszurechnung an den Nutznießer fremder Tätigkeit

aa) Im Normalfall

Schon in der Rechtsprechung des Reichsarbeitsgerichtes wird darauf hingewiesen, daß der Arbeitgeber als Träger des Betriebsrisikos dem Arbeitnehmer Schutz vor den mit der schadengeneigten Tätigkeit verbundenen Gefahren gewähren müsse.

Träger des Betriebsrisikos ist der Arbeitgeber, weil er Inhaber des Unternehmens ist. Als Inhaber des Unternehmens ist er Nutznießer der von dem Arbeitgeber ausgeübten Tätigkeit. Er zieht Gewinn aus dieser Tätigkeit;

---

[32]) *Kaskel-Dersch*, 5. Aufl., § 24 I 6, S. 145.

[33]) Bereits 1941 hat *Herschel* (Soziale Praxis 1941, Sp. 620) die Bezeichnung „innerbetriebliche Gefährdungshaftung des Unternehmers eigener Art" gewählt, vgl. *Herschel, Iherings*, Jb. 90, S. 145 (166).

[34]) *Dersch*, RdA 1951, S. 78 (79) (Urteilsanmerkung).

[35]) *Meinert*, DB 1958, S. 1328 (1329).

[36]) BAG 10. XI. 1961, BB 1962, S. 178.

es entspricht deshalb auch seinem Willen, daß der Arbeitnehmer die Tätigkeit trotz des damit verbundenen Risikos ausübt.

Canaris[37]), Huber[38]) und Larenz[39]) sehen hierin den eigentlichen Grund dafür, den Unternehmer das Risiko gefahrbehafteter Tätigkeit tragen zu lassen.

Der Arbeitnehmer wird freigestellt, weil er die Tätigkeit überwiegend in fremdem Interesse ausübt. Zwar erhält er Lohn für seine Tätigkeit, dadurch wird jedoch in der Regel das besondere Risiko der gefahrgeneigten Tätigkeit nicht abgegolten[40]); ein vermögensloser und auf seinen Lohn angewiesener Arbeitnehmer könnte angesichts der Gefahr, schon bei leichtem Versehen größeren Schadensersatzforderungen ausgesetzt zu sein, es nicht auf sich nehmen, überhaupt eine gefahrbehaftete Tätigkeit auszuführen[41]). Das Interesse der Wirtschaft verlangt es, daß er es dennoch tut. Er wird deshalb ganz überwiegend im Interesse des Arbeitgebers tätig, wenn er trotz „normaler" Bezahlung die schadengeneigte Arbeit ausführt[42]).

Canaris, Huber und Larenz[43]) erkennen in der Zurechnung eines bestimmten Schadensrisikos an den Nutznießer dieses Risikos eines der Hauptprinzipien unseres geltenden Schadensersatzrechtes. Hierzu wird einerseits die Gefährdungshaftung gerechnet, andererseits die Tätigkeit im fremden Interesse[44]). Der innere Grund für die Zubilligung des Freistellungs- bzw. Ersatzanspruches des Arbeitnehmers liege darin, daß der Arbeitgeber den Arbeitnehmer die gefahrbehaftete Tätigkeit ausführen lasse und den Vorteil daraus ziehe; dann erscheine es als gerecht, daß er — wie den Vorteil — so auch das Risiko trage[45]).

Schon sehr viel früher hat Gierke formuliert: „Es handelt sich um die sozialen Grundlagen der verteilenden Gerechtigkeit, die demjenigen das Risiko auferlegt, dem sie die Früchte gibt"[46]).

Der Anerkennung dieses Prinzips stehen keine Bedenken entgegen. Das deutsche Schadensrecht wird nicht durch ein einziges Zurechnungsprinzip bestimmt, sondern durch mehrere gleichwertige[47]). Das bestehende Haftungssystem ist darüber hinaus ein bewegliches oder offenes, wie seit Wil-

---

37) *Canaris*, § 173 Fußnote 37, S. 182.
38) *Huber*, S. 71.
39) *Larenz*, JuS 1965, S. 373 (375).
40) Auf diesen Zusammenhang weisen auch hin: *Müller-Erzbach*, AcP 106, 309 (387); *Meinert*, DB 1958, S. 1328; *Peters*, S. 42; BGB-RGRK-*Denecke*, 11. Aufl., Anm. 17 vor § 611, S. 526.
41) RAG 18. XII. 1940, ARS Bd. 41, S. 55 (59); *Hueck-Nipperdey*, § 35 II 4, S. 232.
42) Zum Zusammenhang von Lohn und Haftung vgl. auch *Gaul*, DB 1958, S. 1011 (1014).
43) *Canaris*, § 173 Fußnote 37, S. 182; *Hubert*, S. 72; *Larenz*, JuS 1965, S. 373 (374, 375).
44) *Larenz*, JuS 1965, S. 373 (374, 375).
45) *Larenz*, JuS 1965, S. 373 (375).
46) *Esser*, Grundlagen, S. 100; s. auch *Gierke*, S. 33—34.
47) *Larenz*, JuS 1965, S. 373.

burg allgemein anerkannt wird[48]). Das bedeutet, daß es auch neue Erscheinungen des Rechtslebens in sich aufnehmen kann[49]).

Diese Fähigkeit ist von jeder dem Fortschritt und der Entwicklung gegenüberstehenden Rechtsordnung zu fordern, und schon daraus gewinnt sie ihre Berechtigung auch für die deutsche Schadensersatzordnung[50]).

Das von Canaris, Huber und Larenz angenommene Prinzip ist überzeugend begründet. Von seinem Bestehen wird nachfolgend ausgegangen. Trifft dieses Prinzip der Zurechnung des Risikos an den Nutznießer fremder Tätigkeit mit dem Verschuldensprinzip zusammen, so ist eine Abwägung vorzunehmen; das Verschuldensprinzip wird nicht etwa ausgeschaltet. Diese Abwägung kann im Rahmen des § 254 BGB geschehen[51]).

Eine solche Abwägung liegt der wirtschaftlichen Kanalisierung bei gefahrgeneigter Tätigkeit zugrunde; das leichte Verschulden des Arbeitnehmers tritt zurück gegenüber der Risikozurechnung an den Arbeitgeber als den Nutznießer der Tätigkeit des Arbeitnehmers: der Arbeitgeber ist zur Freistellung des Arbeitnehmers verpflichtet.

bb) Bei besonderen Leistungen des Arbeitgebers

Gefahrenzulage

Die Grundsätze über die gefahrgeneigte Tätigkeit können dann keine Anwendung finden, wenn der Arbeitnehmer wegen seiner gefahrgeneigten Tätigkeit besonders vergütet wird[52]). In solchem Fall führt er die Tätigkeit überwiegend in eigenem Interesse aus.

Haftpflichtversicherung

Die Regeln über die gefahrgeneigte Tätigkeit finden ebenfalls dann keine Anwendung, wenn der Arbeitgeber gegen die Haftung aus der gefahrbehafteten Tätigkeit versichert hat. Rechtstechnisch hat dies seinen Grund darin, daß die vom Arbeitgeber zugunsten des Arbeitnehmers abgeschlossene Versicherung für die Haftung des Arbeitnehmers eintritt, der Arbeitgeber daher keinem Anspruch des Arbeitnehmers ausgesetzt sein kann[53]).

Gerechtfertigt wird dieses Ergebnis dadurch, daß der Arbeitgeber mit dem Abschluß der Haftpflichtversicherung dem Arbeitnehmer bereits das Risiko abgenommen hat.

Schon das Reichsarbeitsgericht stellte deshalb den Unternehmern anheim, sich gegen Rückgriffsansprüche des Arbeitnehmers durch Abschluß einer Haftpflichtversicherung zugunsten des Arbeitnehmers zu schützen[54]).

---

48) *Wilburg*, Elemente, S. 26—28; *Larenz*, JuS 1965, S. 373 (379).

49) *Larenz*, JuS 1965, S. 373 (379).

50) s. oben, S. 1.

51) *Canaris*, § 173 Fußnote 37, S. 182; *Huber*, S. 75; *Larenz*, JuS 1965, S. 373 (376).

52) *Larenz*, Schuldrecht II, 8. Aufl., § 48 II 3 d, S. 212; *Huber*, S. 73; *Hueck-Nipperdey* I, 7. Aufl., § 35 II 4, S. 232; *Gaul*, DB 1958, S. 1011 (1014).

53) *Hueck-Nipperdey* I, 7. Aufl., § 35 II 4 e, S. 235; *Böhmer*, MDR 1959, S. 628 (629).

54) RAG 18. XII. 1940, ARS Bd. 41, S. 55 (58).

Diese Möglichkeit hat maßgebend zu der gesamten Entwicklung der Rechtsprechung zur gefahrgeneigten Tätigkeit beigetragen[55]). Zwar macht es die Rechtsprechung dem Arbeitgeber nicht zur Pflicht, eine Versicherung zugunsten des Arbeitnehmers abzuschließen[56]), wiewohl auch dies schon — im Rahmen der Fürsorgepflicht des Arbeitgebers — gefordert worden ist[57]); auch nach der Rechtsprechung ist jedoch die Tatsache, daß das Unternehmerrisiko durch Versicherung gedeckt werden kann, im Rahmen der Beurteilung, ob und in welcher Höhe der Arbeitnehmer Freistellung bzw. Ersatz verlangen kann, zu berücksichtigen.[58])

d) Vermögen des Arbeitnehmers

Hat die Höhe des Lohnes einen Einfluß auf die Anwendung der Regeln über die gefahrgeneigte Tätigkeit, so schließt sich daran die Frage, ob das übrige Vermögen des Arbeitnehmers ebenfalls zu beachten ist.

Das Reichsarbeitsgericht hat in früheren Entscheidungen die allgemeine wirtschaftliche Lage des Arbeitnehmers berücksichtigt[59]), wobei sogar die zukünftige Leistungsfähigkeit von Einfluß sein sollte[60]). Rother hat darauf hingewiesen, daß die Bewertung der gegebenen Vermögensunterschiede bei zahlreichen schadensrechtlichen Entscheidungen unausgesprochen mitwirke als ein ausschlaggebendes Moment der sozialen Betrachtungsweise[61]).

Indes ist das Vermögen eines Arbeitnehmers ein Element, welches in keiner Beziehung zum Arbeitsvertrag steht. Es könnte allenfalls als Sicherheit für Schadensersatzforderungen des Arbeitgebers angesehen werden. Die Berücksichtigung des Vermögens würde dann dazu führen, daß der vermögende Arbeitnehmer schlechter behandelt werden würde als sein besitzloser Kollege; eine solche unterschiedliche Behandlung aber läßt sich durch keinen Grund rechtfertigen. So ist es denn auch heute allgemeine Meinung, daß das Vermögen des Arbeitnehmers nicht zu berücksichtigen ist[62]).

---

55) *Rother*, S. 257—258.

56) RAG 18. XII. 1940, ARS Bd. 41, S. 55 (58); BGH 10. I. 1955, BGHZ Bd. 16, S. 111 (119); LAG Stuttgart 26. I. 1951, AcP 52 Nr. 7, S. 44 (46); LAG Hamm 10. VI. 1954, BB 1955, S. 477; LAG Frankfurt AR-Blattei D Haftung des An, Entscheidung 5.

57) *Gumpert*, BB 1955, S. 480 (483); *Wussow*, DR 1941, S. 2085 (2087); *Peters*, S. 59.

58) BAG 25. VIII. 1957, BAGE Bd. 5, S. 1 (7); RAG 18. XII. 1940, ARS Bd. 41, S. 55 (59); *Soergel-Wlotzke-Volze*, 9. Aufl., Anm. 65 zu § 611, S. 430; *Hueck*, Anm. zu BGH 10. I. 1955, AP Nr. 1 zu § 611, Haftung des An.

59) RAG 18. XII. 1940, ARS Bd. 41, S. 55 (61, 62).

60) RAG 14. I. 1941, ARS Bd. 41, S. 259 (265).

61) *Rother*, S. 270.

62) Nur BGH 10. I. 1955, BGHZ Bd. 16, S. 111 (119); *Hueck-Nipperdey*, 7. Aufl., § 35 II 4 e, S. 234, 235 Fußnote 44; *Rother*, S. 272; *Peters*, S. 62; zu dem Gesamtproblem der Berücksichtigung des Vermögens im Schadensersatzrecht vgl. *Ehrenzweig*, JBl. 1950, S. 253 (254, 255); *Möller*, Summen- und Einzelschaden, S. 137, 138.

e) Stellungnahme

aa) Tatsächliche Übung

Wenn auch nicht durch rechtssoziologische Untersuchungen bestätigt, so erscheint doch die Feststellung Deneckes und Rothers glaubhaft[63]), im Wirtschaftsleben werde von den Arbeitnehmern seit je kein Ersatz bei geringfügigen Schäden verlangt, die fahrlässig verursacht worden seien. Soweit ersichtlich, haben sich auch die Gerichte bisher mit solchen Fällen nicht zu befassen gehabt[64]). Hier gilt Dernburgs Aussage: „Die Lebensverhältnisse tragen, wenn auch mehr oder weniger entwickelt, ihr Maß und ihre Ordnung in sich[65]). Da diese den Dingen innewohnende Ordnung nicht gesetzlich fixiert worden ist, konnte sie nur durch die Rechtsprechung und die Rechtswissenschaft Eingang in das Rechtsleben finden.

bb) Gewohnheitsrecht

Die allgemeine Zustimmung der Rechtslehre zu den von der Rechtsprechung entwickelten Ergebnissen bestätigt die Auffassung, hier habe sich eine Rechtsfortbildung mit Rücksicht auf die Natur der Sache[66]) vollzogen. Die von der vor nahezu 30 Jahren[67]) eingeleiteten Rechtsprechung gefundenen Rechtssätze sind Gewohnheitsrecht geworden[68]).

cc) Fortentwicklung des § 831 BGB

Dieses Gewohnheitsrecht führt bereits de lege lata zu einer beachtlichen Ausweitung des § 831 BGB[69]). Der Geschäftsherr haftet wirtschaftlich bei leichtem Verschulden des Arbeitnehmers allein für dessen rechtswidrige Handlungen.

dd) Risikobehaftete Tätigkeit in fremdem Interesse

Alle Begründungen zur gefahrgeneigten Tätigkeit haben eines gemeinsam: die Mehrbelastung wird dem Arbeitgeber nicht wegen eines eigenen Verschuldens auferlegt. Es findet vielmehr eine objektive Schadenszurechnung statt, die ihre Grenze am schweren Verschulden des Arbeitnehmers findet. Zwei Grundprinzipien unseres Haftungsrechtes befinden sich hier in ständiger Berührung: die Verschuldenshaftung und die Haftung auf Grund objektiver Zurechnung des Schadensrisikos an dessen Nutznießer. Überwiegt das letztere, so kanalisiert sich die Haftung wirtschaftlich auf den Arbeitgeber. Die objektive Schadenszurechnung, die zu wirtschaftlicher Kanalisierung führt, wird dabei insbesondere durch zwei Merkmale gerechtfertigt: die Schadensgeneigtheit[70]) der Tätigkeit des Arbeitnehmers und ihre Fremdnützigkeit.

---

63) *Denecke*, RdA 52, S. 209 (211); BGB-RGRK-*Denecke*, 11. Aufl., Anm. 17 zu § 611, S. 526; *Rother*, S. 259.

64) ArbG Plauen bestätigt diese Auffassung; vgl. Urt. v. 4. XI. 1936, ARS Bd. 29, S. 62.

65) *Dernburg*, Bd. I, 5. Aufl., S. 87.

66) *Larenz*, Methodenlehre, S. 309.

67) RAG 23. XI. 1938, ARS Bd. 34, S. 357 f.

68) *Larenz*, Schuldrecht II, 8. Aufl., § 48 II 3 d, S. 212.

69) *Helm* AcP 160, S. 134 (139).

70) *Reuß*, S. 26, und *Rother*, S. 260—262, wollen die Schadensgeneigtheit nicht als maßgebliches Kriterium ansehen.

ee) Allgemeines Zurechnungsprinzip des Schadensrechtes

Auch wenn man nicht von einer Gefährdungshaftung sprechen kann, weil der Arbeitgeber für ein Verschulden des Arbeitnehmers haftet, so kann doch die nahe Beziehung zur Gefährdung nicht verkannt werden: wie bei der Gefährdungshaftung, so haftet auch hier der Arbeitgeber aus einer gesteigerten sozialen Verantwortung für einen bestimmten Gefahrenbereich[71]).

Es entspricht dem Gerechtigkeitsgefühl, „den haften zu lassen, der die Mittel zur Verfügung gestellt hat, deren unrichtige Benutzung den Schaden herbeigeführt hat und zu dessen Gunsten die Mittel eingesetzt worden sind[72])".

Die Ausgliederung des Arbeitsrechtes aus dem Rahmen des Bürgerlichen Gesetzbuches ist oft betont worden[73]. Dagegen sind in jüngerer Zeit Schriftsteller für eine Rückbesinnung auf die allgemeinen Prinzipen der Privatrechtsordnung eingetreten[74]). Auch das scheinbar so speziell arbeitsrechtliche Thema der gefahrgeneigten Tätigkeit läßt sich nach der hier vertretenen Auffassung auf ein allgemeines Grundprinzip des Schadensersatzrechtes zurückführen[75]).

Die Haftung kanalisiert sich wirtschaftlich auf den Arbeitgeber, weil der Arbeitnehmer eine mit einem offenbaren Risiko belastete Tätigkeit zugunsten des Arbeitgebers ausübt.

ff) Rechtliche Kanalisierung

Dersch[76]) hat eine schöpferische Rechtsprechung aufgefordert, den weiteren Schritt zu gehen und auch im Außenverhältnis die Haftung des Arbeitnehmers nach den Grundsätzen über die gefahrgeneigte Tätigkeit zu bestimmen. Das hätte eine Einführung der rechtlichen Kanalisierung zur Folge. Diese Frage soll in einem Schlußteil angesprochen werden[77]).

f) Zusammenfassung

Zusammenfassend kann festgehalten werden, daß die wirtschaftliche Kanalisierung im Bereich der gefahrgeneigten Tätigkeit ohne gesetzgeberische Assistenz durchgesetzt worden ist. Das Schadensrecht hat sich parallel zu den allgemeinen Gerechtigkeitsvorstellungen, die hier überwiegend von wirtschaftlichen Momenten bestimmt werden, entwickelt.

IV. Haftungsbeschränkung bei gefahrgeneigter Tätigkeit im Bürgerlichen Recht

Erkennt man in den Grundsätzen über die Beschränkung der Haftung für gefahrgeneigte Tätigkeit das Wirken eines allgemeinen Zurechnungs-

---

71) Hierin erblickt *Larenz* die Begründung der Gefährdungshaftung; vgl. Schuldrecht II, 8. Aufl., § 71 I, S. 484.

72) *Westermann*, JuS 1961, S. 333.

73) *Larenz*, Allgemeiner Teil, § 2 I, S. 28.

74) *Mayer-Maly*, JZ 1961, S. 205 (209); *Isele*, JuS 1962, S. 185 (186); Juristenjahrbuch, Bd. 8, S. 63 (75).

75) s. oben, S. 46—48; vgl. auch *Steindorff*, Festschrift für *Dölle* I, S. 273 (274).

76) *Dersch* RdA 1951, S. 75 (80) (Urteilsanmerkung).

77) s. unten, S. 54, 68.

prinzips, so stellt sich die Frage nach dessen Geltung im allgemeinen bürgerlichen Recht. Das ist von Canaris, Huber und Larenz[78]) zuerst gesehen worden. Huber hat es namentlich an Hand des Aufwendungsersatzanspruchs des Beauftragten exemplifiziert[79]). Es handelt sich hier um die Fälle, in denen ein Beauftragter oder ein Geschäftsführer ohne Auftrag, dessen Geschäftsführung dem Willen und dem Interesse des Geschäftsherrn entspricht, bei der Geschäftsbesorgung im inneren Zusammenhang mit ihr einen Schaden erleidet, der auf eine mit einer derartigen Tätigkeit erkennbar verbundene Gefahr zurückzuführen ist.

Es geht dabei nicht um den Ausgleich von Unrechtsschäden, sondern um die Verteilung von Unglück; diese dem Geschäftsherrn aufzubürden, entspricht dem auch bei der Gefährdungshaftung anerkannten Gedanken der Risikoverteilung: der Geschäftsherr veranlaßt den Beauftragen zu einer gefährlichen Tätigkeit und zieht den Vorteil aus dieser Tätigkeit.

Im folgenden soll untersucht werden, wie weit dieses Prinzip auch zur wirtschaftlichen Kanalisierung in dem hier verstandenen Sinne in Fällen von gefahrgeneigter Tätigkeit im Bürgerlichen Recht führen kann.

1. Rechtsprechung des Bundesgerichtshofes

Da die Haftungsbeschränkung bei gefahrgeneigter Tätigkeit in der Rechtsprechung des Bundesgerichtshofes mit der speziell arbeitsrechtlichen Fürsorgepflicht begründet wird[80]), lehnt der Bundesgerichtshof eine Erweiterung dieser Grundsätze auf selbständige Geschäftsleute ab; es verbleibe bei den allgemeinen Haftungsbestimmungen; dies sei das mit der Selbständigkeit verbundene Wagnis[81]).

2. Abweichende Ansichten

Demgegenüber ist in der neueren Lehre die Tendenz erkennbar, diese Haftungsbeschränkung — und damit die wirtschaftliche Kanalisierung — nicht auf das Arbeitsrecht zu beschränken.

Neumann-Duesberg ist — soweit ersichtlich — als erster dafür eingetreten, die Haftungsbeschränkung auch bei Dienstverträgen eines Selbständigen, ferner bei Werkverträgen und Auftragsverhältnissen Platz greifen zu lassen[82]). Der Kreis der erfaßten Personen wird von ihm auf arbeitnehmerähnliche und solche eingeschränkt, die diesen in ihrem sozialen Schutzbedürfnis nahestehen[83]). Maßgeblich soll sein, ob die gefahrgeneigte Tätigkeit des Verpflichteten durch eine Risikoprämie oder dergleichen als solche entgolten wird[84]). Die Rechtsgrundlage will Neumann-Duesberg in

---

78) *Larenz*, JuS 1965, S. 373 (374—376); *Canaris*, § 173 Fußnote 37, S. 181, 182.
79) *Huber*, S. 49—75.
80) BGH 10. I. 1955, BGHZ Bd. 16, S. 111 (116).
81) BGH 1. II. 1963, NJW 1963, S. 1100 (1102, 1103); so auch *Isele*, NJW 1963, S. 1100; *Hueck*, Anm. AP Nr. 28 zu § 611 BGB Haftung des An; *Mayer-Maly*, Anm. in VersR 1963, S. 838.
82) *Neumann-Duesberg*, JZ 1964, S. 433 (436).
83) a. a. O., S. 440.
84) a. a. O., S. 439, 440.

einem Fürsorgegedanken erblicken, der bei den von ihm genannten Verträgen stärker sein soll als bei den üblichen Dienst- und Werkverträgen oder Aufträgen[85]). Neumann-Duesberg spricht von einer sozialen Verwandtschaft der gedachten mit den arbeitsrechtlichen Sachverhalten[86]).

Canaris, Huber und Larenz[87]) wollen die Grundsätze über die gefahrgeneigte Tätigkeit dann anwenden, wenn bei Verträgen zwischen Selbständigen die eine Person eine offenbar risikobehaftete Tätigkeit zugunsten der anderen ausübt. Huber nimmt an, dies sei dann der Fall, wenn ein bestimmtes Schadensrisiko nach dem Parteiwillen nicht vom Entgelt erfaßt sein soll[88]); diesem Umstand will auch Larenz vorwiegend Beachtung schenken[89]).

3. Stellungnahme

Wird bei einer risikobehafteten Tätigkeit das spezielle Risiko nicht entgolten, dann entspricht es der ausgleichenden Gerechtigkeit, daß derjenige das Risiko trägt, zu dessen Gunsten die Tätigkeit erfolgt[90]). Insoweit wird man die wirtschaftliche Kanalisierung auch bei Verträgen zwischen Selbständigen als gerecht ansehen können.

V. Versicherungspflicht des Kraftfahrzeughalters

Zum Schutze der Verkehrsopfer[91] ist der Halter eines Kraftfahrzeuges oder Anhängers verpflichtet, für sich, den Eigentümer und den Fahrer eine Haftpflichtversicherung abzuschließen zur Deckung der durch den Gebrauch des Fahrzeuges verursachten Schäden, § 1 PflVG.

1. Mehrere Haftpflichtige unter einem Deckungsschutz

Mit dem von dem Halter abgeschlossenen Versicherungsvertrag erhalten also auch andere Personen Versicherungsschutz; sie stehen mit dem Halter unter demselben Deckungsschutz. Verursachen diese Personen einen Schaden, so haften sie zwar dem Geschädigten nach allgemeinen Vorschriften; da sie versichert sind, brauchen sie jedoch wirtschaftlich nicht für den Schaden einzustehen.

Da der Versicherungsschutz nicht nur wirksam wird, wenn die genannten Personen von dem Verletzten unmittelbar in Anspruch genommen werden, sondern auch die rechtlich bestehenden internen Ausgleichsansprüche der unter dem gemeinsamen Schutz stehenden Personen tatsächlich nicht zum Tragen kommen[92]), wird so bei fahrlässigem Handeln ein vollkommener

---

85) a. a. O., S. 437.

86) a. a. O., S. 441.

87) *Canaris*, § 173 Fußnote 37, S. 182; *Huber*, S. 91; *Larenz*, JuS 1965, S. 373 (376).

88) *Huber*, S. 91.

89) *Larenz*, JuS 1965, S. 373 (376).

90) s. oben, S. 47.

91) Entwurf eines Gesetzes zur Änderung der Vorschriften über die Pflichtversicherung für Kfz-Halter, BT Drucksache IV/2252, S. 11.

92) *Prölss*, 16. Aufl., Anm. 2 zu § 67, S. 304; BAG 14. II. 1958, JZ 1958, S. 411.

Schutz erreicht. Deshalb wird von wirtschaftlicher Kanalisierung gesprochen[93]).

2. *Wirtschaftliche Kanalisierung der Haftung*

Die Pflicht, andere Personen mitzuversichern, ist dem Halter kraft Gesetzes auferlegt; sie ergibt sich nicht aus vertraglichen Beziehungen; die Ursache der wirtschaftlichen Kanalisierung liegt in der von dem Betrieb eines Kraftfahrzeuges ausgehenden Gefahr. Es ist bemerkenswert, daß die wirtschaftliche Kanalisierung hier in erster Linie den Schutz der Verkehrsopfer bezweckt; deren Ersatzansprüche sollen gesichert werden. Die wirtschaftliche Kanalisierung kann also auch ein geeignetes Gestaltungsmittel zum Schutz der Geschädigten sein.

VI. Zusammenfassende Beurteilung

1. Verhältnis zur tatsächlichen Kanalisierung der Haftung

Der Schutz des geschädigten Gläubigers ist aber nicht die wesentliche Ursache der wirtschaftlichen Kanalisierung; er steht vielmehr in den Fällen der tatsächlichen Kanalisierung im Mittelpunkt, denn die tatsächliche Kanalisierung will dem geschädigten Gläubiger die Durchsetzung seines Anspruches erleichtern oder sichern; die wirtschaftliche Kanalisierung hingegen konzentriert sich um die Frage, welcher von mehreren Gesamtschuldnern rechtlich den Schaden im Innenverhältnis allein zu tragen hat. Es ist allerdings möglich, daß die Haftung tatsächlich und wirtschaftlich auf die gleiche Person kanalisiert ist, wenn also etwa der leistungsfähigste Schuldner auch im Innenverhältnis zum Ersatz des Schadens verpflichtet ist; bei einer derartigen Konstellation liegt es nahe, die Haftung auf diesen Schuldner auch rechtlich zu kanalisieren, wie es Dersch vorgeschlagen hat[94]): im Rahmen der Haftung bei gefahrgeneigter Tätigkeit ist der Arbeitgeber sowohl der wirtschaftlich stärkere Schuldner wie auch im Innenverhältnis allein zum Ersatz des Schadens verpflichtet.

2. Allgemeiner Grund wirtschaftlicher Kanalisierung

a) Sozialer Schutz

Im 20. Jahrhundert, welches man auch das soziale genannt hat[95]), liegt es nahe, soziale Schutzgedanken in den Mittelpunkt wirtschaftlicher Kanalisierung zu stellen, indem man die Haftung auf den im allgemeinen wirtschaftlich stärksten unter den Schuldnern kanalisiert.

Wenn aber auch der Schutz des sozial Schwachen unter der Geltung des Grundgesetzes dem Staat und damit auch Gesetzgebung und Rechtsprechung aufgegeben sind[96]), ist es doch nicht sachgerecht, eine Gestaltung nach diesem

---

[93]) *Weitnauer*, DB 1961, S. 666 (667); *Fischerhof* II-*Pelzer*, Erläuterungen, Haftungskonventionen, Anm. 26, S. 335; *Klingsporn*, DRiZ 1961, S. 106 (109).
[94]) *Dersch*, RdA 1951, S. 75 (80) (Urteilsanmerkung).
[95]) *Möller*, ZVersWiss. 1963, S. 409 (410).
[96]) Art. 28 Abs. 1 Satz 1 GG.

Gesichtspunkt vorzunehmen, weil sie in keiner Beziehung zu dem Schadensereignis steht.

b) Schadenszurechnung an den Nutznießer fremder risikobehafteter Tätigkeit

Die untersuchten Fälle der wirtschaftlichen Kanalisierung weisen — mit Ausnahme der in § 840 Abs. 2 und Abs. 3 BGB geregelten Sachverhalte — ein gemeinsames Merkmal auf: Die Schäden sind nicht durch persönliche Handlung desjenigen verursacht, auf den die Haftung wirtschaftlich kanalisiert wird, sondern durch dessen Sachen (Kraftfahrzeuge) oder durch einen in dessen Interessenbereich eingesetzten Dritten. Die Verantwortlichkeit des betroffenen Schuldners wird also über seine eigenen Handlungen hinaus ausgedehnt; er hat für andere einzustehen; dies rührt daher, daß andere Personen offenbar risikobehaftete Tätigkeiten mit den von ihm zur Verfügung gestellten Mitteln ausführen. Diese Tätigkeit erfolgt regelmäßig zu seinem überwiegenden Interesse; das gilt auch für das Führen eines Kraftfahrzeuges, obwohl es nicht notwendig der Fall zu sein braucht.

Dieser Gedanke steht zwar im Widerspruch zu der namentlich in § 840 Abs. 2 BGB erfolgten Wertung des Gesetzgebers, nach der die Haftung wirtschaftlich auf den Verrichtungsgehilfen kanalisiert wird; indes zeigt die beabsichtigte völlige Streichung dieser Norm[97]), daß diesem Geschehen die Zukunft gehört.

3. KAPITEL: RECHTLICHE KANALISIERUNG DER HAFTUNG

Unter rechtlicher Kanalisierung der Haftung ist eine Regelung zu verstehen, die die allgemeine Haftung mehrerer als Gesamtschuldner dadurch aufhebt, daß im Außenverhältnis zu dem Geschädigten nur einer der Schuldner haftet[1]). Im Innenverhältnis kann ein Ausgleich stattfinden.

A. Arbeitsunfall unter Kollegen

Schädigt ein Arbeitnehmer bei betrieblicher Tätigkeit schuldhaft einen dem gleichen Betrieb angehörigen Arbeitskollegen, so würden nach allgemeinen Haftungsgrundsätzen des Bürgerlichen Gesetzbuches der Arbeitnehmer sowie — im Rahmen des § 831 BGB — der Arbeitgeber als Gesamtschuldner haften.

I. §§ 636, 637 RVO

1. Inhalt der Normen

Diese allgemeinen Regeln sind von der Reichsversicherungsordnung in erheblicher Weise modifiziert worden.

Nach §§ 636 Abs. 1 Satz 1, 637 RVO hat bei Personenschäden der geschädigte Arbeitnehmer grundsätzlich weder einen Anspruch gegen den

---

[97]) Referentenentwurf I, S. 6; Referentenentwurf II, S. 143.

[1]) *Weitnauer*, DB 1961, S. 666 (668); *Scheidwimmer*, VersR 1962, S. 677 (678); *Edlbacher*, ÖJZ 1967, S. 477 (479); *Mosthaf*, VersR 1967, S. 197.

Arbeitskollegen noch gegen den Arbeitgeber. Er ist auf einen Anspruch gegen die Berufsgenossenschaft hinsichtlich der nach den Bestimmungen über die gesetzliche Unfallversicherung zu erbringenden Leistung beschränkt. Nur bei vorsätzlicher Schädigung besteht — nach den allgemeinen Haftungsvorschriften — ein Deliktsanspruch gegen den Schädiger.

Nach § 640 Abs. 1 RVO haftet der Schädiger aber allein der Berufsgenossenschaft als Trägerin der Sozialversicherung für alles, was die Genossenschaft aufwenden mußte, wenn er den Arbeitsunfall vorsätzlich oder grob fahrlässig herbeigeführt hat. § 640 Abs. 2 RVO ermächtigt die Berufsgenossenschaft auch, von dieser Forderung nach billigem Ermessen abzusehen, so daß dann die Berufsgenossenschaft rechtlich wie wirtschaftlich den Schaden trägt.

2. *Ursachen der Kanalisierung*

a) Vorteil des Arbeitnehmers

Die Haftungsablösung des Unternehmers durch die Berufsgenossenschaft ist historisch älteren Datums. Sie beruht darauf, daß die Unternehmer der einzelnen Wirtschaftszweige kraft Gesetzes zu Berufsgenossenschaften zusammengeschlossen worden sind, deren Aufgabe es ist, bei Personenschäden, die durch Arbeitsunfälle eingetreten sind, Ersatz zu leisten[2]). Die Beiträge für die Berufsgenossenschaften werden allein von den Arbeitgebern aufgebracht. Die soziale Unfallversicherung wirkt so als Haftpflichtversicherung des Unternehmers[3]). Der Vorteil des von einem Arbeitsunfall betroffenen Arbeitnehmers liegt bei dem Haftungsübergang auf die Berufsgenossenschaften darin, daß er für jeden Arbeitsunfall entschädigt wird, ohne Rücksicht darauf, ob ihn oder den Arbeitgeber ein Verschulden an der Herbeiführung des Unfalles trifft[4]).

b) Aufrechterhaltung des Betriebsfriedens

So erfüllt die Vorschrift ihren Zweck, Schadensersatzprozesse zwischen dem Unternehmer und seinem Betriebsangehörigen zu vermeiden und damit den Arbeitsfrieden sicherzustellen[5]). Die Aufrechterhaltung des Betriebsfriedens war nach der Begründung zum Unfallversicherungsneuregelungsgesetz vom 30. April 1964 auch das Motiv, die Haftungsprivilegierung des Unternehmers auf die in demselben Betrieb tätigen Betriebsangehörigen auszudehnen[6]).

3. *Haftung durch Versicherung*

Die privatrechtliche Haftung unter Arbeitskollegen wird auf Grund der Reichsversicherungsordnung weitgehend durch Versicherung ersetzt. Dies zeigt, daß die Ersetzung der Haftung durch Versicherung eine Möglichkeit

---

[2]) *Gotzen-Doetsch*, § 636, S. 162.
[3]) *Lauterbach* II, Anm. 2 zu § 636, S. 741.
[4]) *Lauterbach*, a. a. O.
[5]) *Lauterbach* II, Anm. 2 zu § 636, S. 741.
[6]) *Gotzen-Doetsch*, § 637, S. 168, 169.

ist, um eine rechtliche Kanalisierung der Haftung zu begründen[7]). Die privatrechtlichen Haftungsnormen werden zum Schutze des geschädigten Arbeitskollegen entbehrlich, weil sein Anspruch gesichert ist.

II. Rechtsprechung des Bundesarbeitsgerichtes

Vorbereitet war diese in § 637 RVO fixierte rechtliche Kanalisierung der Haftung unter Arbeitskollegen durch die Rechtsprechung des Großen Senates des Bundesarbeitsgerichts[8]). Diese wurde ausgelöst durch die Rechtsprobleme, die sich bei Anwendung der Grundsätze über die gefahrgeneigte Tätigkeit ergaben, wenn ein Arbeitskollege einen anderen schädigte; der Freistellungsanspruch des schädigenden Arbeitnehmers gegen den Arbeitgeber geriet in Konflikt mit der Haftungsfreistellung des Unternehmers bei Arbeitsunfällen nach § 636 RVO.

1. Fortentwicklung des Rechts durch Rechtsschöpfung

In richterlicher Fortentwicklung des Rechts gelangte der Große Senat zu dem Ergebnis, daß dem fahrläßig geschädigten Arbeitnehmer in gewissem Umfang und unter bestimmten Voraussetzungen der Anspruch gegen den Schädiger zu versagen sei. Damit war die Haftung in diesem Rahmen auf den Träger der Sozialversicherung rechtlich kanalisiert.

2. Ursachen der Kanalisierung

a) Wirtschaftliche Rechtfertigung gegenüber dem Geschädigten

Weil die Berufsgenossenschaft eintritt, hielt das Gericht den geschädigten Arbeitnehmer durch die gewählte Lösung nicht für beeinträchtigt. Der Arbeitnehmer verliere lediglich einen ihm nur nach dem Buchstaben zustehenden Anspruch; tatsächlich habe er von diesem Anspruch kaum etwas und sei regelmäßig wegen der bestehenden Unfallversorgung nicht auf ihn angewiesen. Zudem sei der Anspruch gegen den Arbeitskollegen vielfach nicht beitreibbar.

Für den Schädiger hingegen wäre die Belastung mit dem Anspruch häufig sehr stark und stehe außer Verhältnis zum Nutzen des Geschädigten. Es sei deshalb „ein Gebot der Gerechtigkeit, daß die im Versagen der menschlichen Natur und in der Eigenart der Arbeit begründeten Schäden von den zu diesem Zwecke gegründeten Berufsgenossenschaften getragen werden“[9]).

b) Dogmatische Begründung

Neben dieser an der — wirtschaftlichen — Gerechtigkeit orientierten Begründung wird in der Entscheidung auf die Betriebsgemeinschaft als speziell arbeitsrechtliche Rechtsgrundlage Bezug genommen; diese betriebliche Verbundenheit sei nicht nur eine soziologische Erscheinung, sondern

---

[7]) s. unten, S. 112—117.
[8]) BAG 25. IX. 1957, BAGE Bd. 5, S. 1 (5, 10).
[9]) BAG 25. IX. 1957, BAGE Bd. 5, S. 10, 11, 12.

zeitige auch die Rechtsfolge, daß der Geschädigte seinen Anspruch gegen den Arbeitskollegen verliere[10]).

c) Abkehr von allgemeinen Haftungsgrundsätzen

Die Entscheidung des Bundesarbeitsgerichts wurde bestimmt durch die in der Reichsversicherungsordnung vorgesehene Haftungsfreistellung des Unternehmers, die das Gericht als großen gesetzgeberischen Fortschritt wertete, der nicht gefährdet werden dürfe[11]). Dieser mit der Reichsversicherungsordnung gewählte Weg führt von den Grundprinzipien des allgemeinen Haftungsrechtes Verursachung und Verschulden weg. Der Schadensausgleich erfolgt durch Gefahrengemeinschaften.

Die Frage, die diese Regelung nahelegt, nämlich ob es empfehlenswert ist, die Risiken in weit stärkerem Maße durch Bildung großer Gefahrengemeinschaften zu sozialisieren, wird im Ausland wie in Deutschland aufgeworfen[12]). Damit würde die Rechtinstitution der Gesamtschuldnerschaft im Außenverhältnis zum Geschädigten außerordentlich eingeschränkt werden; die rechtliche Kanalisierung auf einen Schuldner, die Versicherung, würde zum Mittelpunkt künftiger Schadensordnungen.

B. Haftung für Amtspflichtverletzung

Die Haftungsregelung für die Verletzung von Amtspflichten wird als das historische Vorbild der rechtlichen Kanalisierung angesehen[13]). Im Mittelpunkt der gesetzlichen Regelung steht die Norm des § 839 BGB. Sie allein ermöglicht jedoch nicht das Verständnis der Haftung für Amtspflichtverletzungen; die wirkliche Rechtslage ergibt sich erst aus dem Zusammenspiel mit Art. 34 GG einerseits sowie §§ 89, 278, 831 BGB andererseits.

I. Haftung bei hoheitlichem Handeln

1. Art. 34 GG, § 839 BGB in der geltenden Fassung

a) Art. 34 Satz 1 GG, § 839 Abs. 1 Satz 1 BGB

a[1]) Inhalt der Normen

Hat jemand in Ausübung eines ihm anvertrauten öffentlichen Amtes die ihm einem Dritten gegenüber obliegende Amtspflicht verletzt, so ist dem Verletzten grundsätzlich allein der Staat, nicht aber der Handelnde verantwortlich; der Staat haftet nicht im Rahmen des § 831 BGB neben dem Handelnden; vielmehr wird die bei hoheitlichem Handeln nach § 839 BGB begründete Verbindlichkeit gemäß Art. 34 GG auf den Staat übergeleitet; das gilt unabhängig davon, ob die schädigende Handlung vorsätzlich oder fahrlässig begangen worden ist. Bei Vorsatz und grober Fahrlässigkeit bleibt

---

10) BAG 25. IX. 1957, BAGE Bd. 5, S. 16.
11) BAG 25. IX. 1957, BAGE Bd. 5, S. 9.
12) Vgl. *Hauss*, ZVersWiss. 1967, S. 151—153.
13) Vgl. *Weitnauer*, DB 1961, S. 666 (668).

allerdings der Rückgriff des Staates gegen den Handelnden vorbehalten, Art. 34 Satz 2 GG.

a²) Ursachen der Kanalisierung

aa) Wirtschaftliche Rechtfertigung gegenüber dem Geschädigten

Die ausschließliche Staatshaftung für schädigende Handlungen, die in Ausübung hoheitlicher Tätigkeit begangen worden sind, ist historisch jüngeren Datums[14]); reichseinheitlich wurde sie erst durch Art. 131 der Weimarer Reichsverfassung eingeführt.

Die Verantwortlichkeit des Staates für Amtspflichtverletzungen wird heute oft als ein Postulat rechtsstaatlichen und sozialen Denkens gekennzeichnet[15]). Gemeint ist damit, daß die Amtshaftung in gleicher Weise den Belangen des Geschädigten wie des handelnden Amtsträgers dient.

Der Staat als Schuldner ist regelmäßig zahlungsfähig[16]), was vor allem in denjenigen Fällen von Bedeutung ist, in denen der Schaden beträchtlich und der Amtsträger vermögenslos ist; für diesen aber wirkt sich die Regelung nur günstig aus: erstens besteht bei leicht fahrlässiger Schädigung keine Rückgriffsmöglichkeit des Staates[17]), und zweitens ist es dem Staat darüber hinaus anheim gegeben, auf einen bestehenden Rückgriffsanspruch zu verzichten[18]); dabei soll vor allem die wirtschaftliche Leistungsfähigkeit des Amtsträgers wohlwollend berücksichtigt werden[19]).

Die rechtliche Kanalisierung auf den Staat wird also im wesentlichen mit den gleichen Argumenten gerechtfertigt, die auch der Große Senat des Bundesarbeitsgerichtes zur Haftung unter Arbeitskollegen verwandte; einerseits erhält der Geschädigte einen stets leistungsfähigen Schuldner, andererseits wird der Handelnde von ihn stark belastenden Verpflichtungen befreit[20]).

bb) Dogmatische Begründung

Neben diesen — an der Gerechtigkeit orientierten — vorwiegend wirtschaftlichen Momenten, muß eine dogmatische Begründung dafür gegeben werden, warum ausschließlich der Staat nach außen haftet.

Der Staat wird als juristische Person des öffentlichen Rechts mit dem hoheitlich handelnden Amtsträger identifiziert[21]). Diese Identifizierung geht erheblich über die privater juristischer Personen mit ihren gesetzlichen Ver-

---

14) *Soergel-Glaser*, 9. Aufl., Anm. 3 zu § 839, S. 1325.
15) BGH 3. XII. 1953, BGHZ Bd. 11, S. 193 (197); 17. XII. 1956 BGHZ Bd. 22, S. 383 (388); *Soergel-Glaser*, 9. Aufl., Anm. 2 zu § 839, S. 1324; weitere Nachweise bei *v. Mangoldt-Klein*, 2. Aufl., Art. 34 Anm. II 3, S. 822; kritisch dazu *v. Mangoldt-Klein*, 2. Aufl., Art. 34 Anm. II 3, S. 822, 823.
16) BGH 12. VII. 1951, BGHZ Bd. 3, S. 94 (104); *Forsthoff*, 9. Aufl., § 16, S. 295, 296; *Soergel-Glaser*, 9. Aufl., Anm. 2 zu § 839, S. 1324; *v. Mangoldt-Klein*, 2. Aufl., Art. 34 Anm. II 3, S. 823.
17) *v. Mangoldt-Klein*, 2. Aufl., Art. 34 Anm. III 8 a, S. 837.
18) *v. Mangoldt-Klein*, 2. Aufl., Art. 34 Anm. III 8 b, S. 837.
19) *Soergel-Glaser*, 9. Aufl., Anm. 2 zu § 839, S. 1325.
20) s. oben, S. 57.
21) *v. Mangoldt-Klein*, 2. Aufl., Art. 34 Anm. II 11, S. 829.

tretern hinaus. § 31 BGB regelt nur die Haftung für das Handeln von Organen, nicht etwa aller Bediensteter der juristischen Person. Hinzu kommt, daß die Organe der juristischen Person des Privatrechtes gesamtschuldnerisch neben dieser haften.

Handeln in fremdem Rechtskreis

Bettermann meint, der Ausschluß der Haftung des Amtsträgers trage der Tatsache Rechnung, daß der Amtsträger in einem fremden Rechtskreis tätig geworden sei und unter fremder Verantwortung gehandelt habe[22]). Das ist auch in den Fällen der §§ 278[23]), 831 BGB stets so. Deshalb meint Bettermann, § 839 BGB, Art. 34 GG seien in den großen Komplex der Geschäftsherrenhaftung einzubegreifen.

Damit ist jedoch noch nicht geklärt, warum gerade in diesem Fall der Geschäftsherrenhaftung der Handelnde selber nicht nach außen haftet.

Bettermann ist der Auffassung, dies ergebe sich daraus, daß jedermann wisse bzw. es als bekannt vorausgesetzt werden dürfe, daß der Amtsträger, wo er in Ausübung des ihm anvertrauten Amtes handele, in fremdem Namen tätig werde. Es sei deshalb dem Verletzten zumutbar, sich nur an den Dienstherrn zu halten[24]). Damit wird die Erklärung für die rechtliche Kanalisierung letztlich auf Billigkeitsgründe gestützt.

Gefährdungshaftung

Dem Grundgedanken nach sieht Forsthoff[25]) die Haftung für Amtspflichtverletzungen als Gefährdungshaftung an. Die Staatshaftung, so führt er aus, sei über ihre ursprüngliche Funktion, dem Verletzten durch Einsetzung eines zahlungskräftigen Schuldners das Risiko der Erlangung des Ersatzes abzunehmen, hinausgewachsen. Das Ziel gehe dahin, dem Staat das Risiko für die korrekte Handhabung seiner Funktionen aufzubürden. Dieses Bestreben finde seine Rechtfertigung in der Veränderung der tatsächlichen sozialen Verhältnisse. Der ständig zunehmenden Ausdehnung der staatlichen Befugnisse entspreche es, den Einzelnen auf den Staat zu verweisen gegenüber Risiken, die zu tragen er nicht mehr imstande sei.

Mit der Gefährdungshaftung besteht deshalb eine Ähnlichkeit, weil der Einzelne die Ausdehnung der staatlichen Befugnisse und Tätigkeiten hinnehmen muß, obgleich sie möglicherweise eine Gefährdung seines Vermögens mit sich bringt. Schon Rümelin sieht das spezifische der Gefährdungshaftung gerade in dem Verlust oder der Beschränkung der Abwehrmöglichkeit gegen gefährliche Formen des (Verkehrs-)Lebens, wenn er betont, die Gefährdungshaftung beruhe auf dem Gedanken einer gestatteten Gewährung überwiegender Interessen, denen die gegenüberstehenden Interessen nicht völlig zum Opfer gebracht werden dürften[26]).

---

[22]) *Bettermann*, DÖV 1954, S. 300 (301).
[23]) *Forsthoff*, 9. Aufl., nimmt an, der Gedanke aus § 278 BGB sei auch in § 839 BGB enthalten, § 16, S. 296.
[24]) *Bettermann*, DÖV 1954, S. 300 (301, 303).
[25]) *Forsthoff*, 9. Aufl., § 16 a. E., S. 300.
[26]) *Rümelin*, S. 54; *Esser*, Grundlagen, S. 91.

Nach dieser Auffassung würde die ausschließliche Staatshaftung — und damit die rechtliche Kanalisierung — aus dem Überwiegen der so verstandenen eigenen Verantwortlichkeit des Staates gegenüber dem Verschulden des Amtsträgers herrühren. Sie könnte unter die einfache Formel gebracht werden, daß die Gefährdungshaftung des Staates die Verschuldenshaftung des Amtsträgers im Außenverhältnis verdrängt.

Indes entfernt sich diese Auffassung sehr weit von dem Wortlaut der die Staatshaftung begründenden Vorschriften. § 839 BGB, Art. 34 GG knüpfen die Staatshaftung an das Verschulden des Amtsträgers; die Staatshaftung ist deshalb nicht als Gefährdungshaftung, sondern als Haftung für Verschulden ausgestaltet. Der Staat wird mit seinem Amtsträger identifiziert, weil er nur durch diesen handeln kann. Der Staat haftet deshalb nicht für fremdes, sondern für eigenes Verschulden[27]), ebenso wie den rechtsfähigen juristischen Personen des Privatrechts das Verschulden ihrer Organe als eigenes zugerechnet wird[28]).

Schadenszurechnung an den Nutznießer fremder Tätigkeit

Fremder Rechtskreis

Die Ursache der rechtlichen Kanalisierung ist in dem Zusammentreffen mehrerer Gesichtspunkte zu erblicken. Der erste Grund, auf den besonders Bettermann hingewiesen hat[29]), besteht darin, daß der Amtsträger im Rechts- und Wirkungskreis des Staates, also in einem fremden Bereich handelt.

Überwiegender Nutzen des Staates

Der Amtsträger handelt zum überwiegenden Nutzen des Staates[30]), denn der Staat ist ohne seine Amtsträger überhaupt nicht handlungsfähig.

Gefahrgeneigtheit des Handelns

Die hoheitliche Tätigkeit wurde vom Gesetzgeber als gefahrgeneigt angesehen. Das zeigt deutlich das Haftungsprivileg des § 839 Abs. 1 Satz 2 BGB. Dies hat nach der Vorstellung des Gesetzgebers seinen Grund darin, daß der Beamte berufsmäßig dauernd verpflichtet ist, in die Verhältnisse Dritter einzugreifen und es deshalb leicht möglich ist, daß er einen Schaden verursacht, weil ihm ein Mißgeschick unterläuft[31]).

Weil der Beamte zum überwiegenden Nutzen des Staates eine mit offenbarem Risiko behaftete Tätigkeit ausübt, übernimmt der Staat dieses Risiko. Das entspricht der ausgleichenden Gerechtigkeit.

b) Art. 34 Satz 1 GG, § 839 Abs. 1 Satz 2 BGB

aa) Herrschende Meinung

Durch das Zusammenspiel von Art. 34 GG und § 839 BGB wird die Haftung jedoch nicht nur auf den Staat rechtlich kanalisiert. Nach noch

---

27) *Bettermann*, DÖV 1954, S. 300 (301); JZ 1961, S. 482.
28) H. M.; vgl. *Palandt-Danckelmann*, Anm. 1 zu § 31, S. 27.
29) *Bettermann*, DÖV 1954, S. 300 (303).
30) *Delius*, S. 207 im Anschluß an Protokolle zum BGB II, S. 661; *Mugdan* II, S. 1156.
31) *Delius*, S. 207.

überwiegender Meinung gilt die Subsidiaritätsklausel des § 839 Abs. 1 Satz 2 BGB auch für den Staat, sofern der Amtsträger hoheitlich handelt[32]). Wird also beispielsweise ein Fußgänger verletzt bei einem Zusammenstoß zwischen einem in Ausübung hoheitlicher Tätigkeit gefahrenen Postkraftfahrzeug und einem anderen Kraftfahrzeug, so wird durch den bestehenden und durchsetzbaren Schadensersatzanspruch des Fußgängers gegen den privatrechtlich handelnden Kraftfahrer der Anspruch aus Amtspflichtverletzung ausgeschlossen: der privatrechtlich Handelnde haftet allein.

Dieses Ergebnis steht in Widerspruch zu dem historischen Willen des Gesetzgebers, der die Subsidiaritätsklausel allein deshalb in das Gesetz aufgenommen hat, um dadurch die Tatkraft und Entschlossenheit des Beamten zu stärken[33]); das Staatsvermögen sollte nicht geschützt werden.

Auch die Rechtsprechung hat deshalb anerkannt, daß die Anwendung der Subsidiaritätsklausel auf den Staat nicht zu sachgerechten Ergebnissen führt. Der Bundesgerichtshof vertritt jedoch die Auffassung, er könne dem Wortlaut des Gesetzes die Beachtung nicht versagen, ohne sich gesetzgeberische Befugnisse anzumaßen[34]). Die Haftung wird also auf den privatrechtlich Handelnden rechtlich kanalisiert.

bb) Abweichende Ansicht

Aus der Erwägung, § 839 Abs. 1 Satz 2 BGB solle ausschließlich den handelnden Amtsträger schützen, wird demgegenüber die Ansicht vertreten, die Subsidiaritätsklausel könne schon de lege lata nicht auf den Staat angewandt werden[35]).

cc) Stellungnahme

Bei der Erörterung des Problems sind vor allem zwei Gesichtspunkte zu beachten:

Die Haftung für Amtspflichtverletzungen geht über die Haftung für unerlaubte Handlungen hinaus, da zu den Amtspflichten nicht nur der Schutz der in den §§ 823 ff BGB genannten absoluten Rechtsgüter zu zählen ist[36]). Die Amtshaftung ist umfassender als die allgemeine Deliktshaftung. Man könnte deshalb der Meinung sein, aus diesem Grunde sei es gerechtfertigt, die Subsidiaritätsklausel auf den Staat anzuwenden; indes würde man damit den Sinn dieser Klausel ausweiten; sie hat ihren Grund in dem Schutz des Beamten, nicht in dem des Staates.

---

32) RG 8. IX. 1939, RGZ Bd. 161, S. 199 (203); BGH 16. IV. 1964, BGHZ Bd. 42, S. 176 (181); 29. I. 1968, NJW 1968, S. 696 (698, 699); *Soergel-Glaser*, 9. Aufl., Anm. 22 zu § 839, S. 1329; *Enneccerus-Lehmann*, 15. Aufl., § 240 III 1, S. 975; *Larenz*, Schuldrecht II, 8. Aufl., § 67 VII c, S. 456; *Palandt-Gramm*, 27. Aufl., Anm. 2 a, aa zu § 839, S. 719; *Erman-Drees*, 4. Aufl., Anm. 5 zu § 839, S. 1817.

33) *Mugdan* II, S. 1156.

34) BGH 16. IV. 1964, BGHZ Bd. 42, S. 176 (181).

35) *Bettermann*, DÖV 1954, S. 300 (304); *Esser*, 2. Aufl., § 206 8, S. 897; *Erman* (Buchbesprechung), JZ 1955, S. 294, 295; *Reuss*, JR 1955, S. 94, 95; *Scheuner*, DÖV 1955, S. 545 (549).

36) Zu den Amtspflichten vgl. *Soergel-Glaser*, 9. Aufl., Anm. 131—147 zu § 839, S. 1361—1365.

Erheblicher erscheint aber die Beachtung des nach Art. 34 Satz 2 GG bestehenden Rückgriffsanspruches des Staates gegen den Amtsträger. Findet die Subsidiaritätsklausel auf den Staat keine Anwendung, so bliebe der Amtsträger — trotz einer an sich bestehenden anderweitigen Ersatzmöglichkeit — doch dem Rückgriffsanspruch ausgesetzt.

Der Rückgriffsanspruch aus Art. 34 Satz 2 GG besteht allerdings nur bei grober Fahrlässigkeit und Vorsatz. Für den Schutz des Beamten würde es deshalb ausreichen, wenn nur bei grober Fahrlässigkeit die Subsidiaritätsklausel auf den Staat Anwendung fände. Indes ist es mit den Verschuldensregeln nicht vereinbar, bei grober nicht aber bei leichter Fahrlässigkeit die Subsidiaritätsklausel anzuwenden. Aus dieser Schwierigkeit findet sich kein Ausweg, will man nicht § 839 Abs. 1 BGB rechtsschöpferisch neu gestalten.

Die zur Zeit bestehende rechtliche Kanalisierung nach § 839 Abs. 1 Satz 2 BGB, Art. 34 GG beruht auf dem Schutz des handelnden Amtsträgers; dieser wird gegenüber anderen Bürgern begünstigt, da diese den von dem Amtsträger mitversuchten Schaden allein tragen müssen, wenn sie ebenfalls durch unerlaubte Handlung zu dem Schaden beigetragen haben. Im Gegensatz zu den bisher abgehandelten Fällen der Kanalisierung der Haftung besteht zwischen dem Amtsträger und den einen Schaden mitverursachenden Bürgern regelmäßig gar keine Verbindung. Wenn der Bürger dennoch für den Amtsträger aufkommen muß, so hat das seinen Grund darin, daß die spezifische Aufgabe des Amtsträgers darin besteht, das gemeine Wohl zu fördern und deshalb zum Nutzen aller Bürger zu handeln.

Nur aus diesem Gesichtspunkt läßt es sich auch rechtfertigen, die Subsidiaritätsklausel auf den Staat zu übertragen, weil auch der Staat verpflichtet ist, zum Gemeinwohl zu handeln. Dennoch ist es keine zufriedenstellende Lösung, daß andere für das Personalitätsrisiko des Staates einzustehen haben.

2. *Referentenentwurf 1967*

a) § 839 Abs. 1 BGB

§ 839 BGB soll nach dem Referentenentwurf neu gefaßt werden. Hinsichtlich der Überleitung der Haftung des Amtsträgers auf den Staat bringt die Neufassung keine sachliche Änderung, sondern hat nur klarstellende Bedeutung[37]).

b) § 839 Abs. 1 Satz 1 BGB

Die subsidiäre Haftung nach § 839 Abs. 1 Satz 2 BGB soll jedoch geändert werden. Für einen eigenen § 839 a wird folgende Regelung vorgeschlagen:[38])

„c 1) Für Amtspflichten, welche nach anderen Vorschriften eine Ersatzpflicht aus unerlaubter Handlung nicht begründen würden, gelten die folgenden besonderen Bestimmungen.

[37]) Vgl. Referentenentwurf I, S. 4; II, S. 116.
[38]) Vgl. Referentenentwurf I, S. 5.

1. Ist die Amtspflicht nur fahrlässig oder unter den Voraussetzungen des § 839 Abs. 2 verletzt worden, so kann der Dritte Schadensersatz nur insoweit verlangen, als er nicht auf anderen Weise Ersatz zu erlangen ververmag."

Nicht jede Amtspflichtverletzung, sondern nur solche, die nicht zugleich eine unerlaubte Handlung darstellt, soll also künftig noch von der Subsidiaritätsklausel erfaßt werden. Diese verbleibende rechtliche Kanalisierung kann wiederum damit erklärt werden, daß der Staat dem Gemeinwohl verpflichtet ist und im Interesse und zum Nutzen seiner Bürger zu handeln hat. Deshalb rechtfertigt es sich, dort, wo der Staat an sich strenger haftet als der Bürger, die Verschuldenshaftung des Bürgers als schwerer wiegend zu bewerten.

Um dem Amtsträger selbst den Schutz der Subsidiarität auch dort zu erhalten, wo diese im Verhältnis zum Geschädigten entfällt, sieht Art. 6 des Referentenentwurfes vor, daß der Rückgriff des Staates gegen den Amtsträger bei grober Fahrlässigkeit nur dann zulässig ist, wenn der Staat nicht auf andere Weise Ersatz zu erlangen vermag[39]). Dies hat seinen Grund darin, daß der Amtsträger verpflichtet ist, eine offenbar risikobehaftete Tätigkeit zum Nutzen anderer auszuführen.

II. Haftung bei fiskalischem Handeln

1. § 839 Abs. 1 Satz 2 BGB in der geltenden Fassung

Die Staatshaftung nach Art. 34 GG gilt nur bei hoheitlichem Handeln des Amtsträgers. Bei fiskalischem Handeln begründet § 839 Abs. 1 Satz 1 BGB eine persönliche Haftung des Amtsträgers, wenn dieser Beamter im staatsrechtlichen Sinne ist[40]). Auch bei fiskalischem Handeln des Beamten gilt die Subsidiaritätsklausel des § 839 Abs. 1 Satz 2 BGB[41]). Haften andere neben dem Beamten für den Schaden, so ist bei fahrlässigem Handeln des Beamten die Haftung auf diese anderen rechtlich kanalisiert.

a) Anderweitige Haftung des Staates

Wenn auch der Kreis der Amtspflichten im Sinne des § 839 Abs. 1 Satz 1 BGB weitergehen kann als die deliktische Verantwortung im allgemeinen[42]), so kann die Haftung des Staates nach den §§ 89, 31 BGB oder § 831 BGB doch nach der Rechtsprechung nur angenommen werden, wenn die Amtspflichtverletzung in einer auch nach allgemeinen deliktischen Vorschriften zur Haftung führenden Handlung besteht[43]).

Es ist deshalb besonders augenscheinlich, daß die im allgemeinen nach den §§ 31, 831 BGB bestehende tatsächliche Kanalisierung auf den Geschäftsherrn im Falle der Beamtenhaftung eine rechtliche ist.

---

39) Vgl. Referentenentwurf I, S. 19, 20.

40) *Larenz*, Schuldrecht II, 8. Aufl., § 67 VII a, S. 451; *Esser*, 2. Aufl., § 206 1 c,

41) *Larenz*, a. a. O.; *Esser*, 2. Aufl., § 206 1 a, S. 885; *Enneccerus-Lehmann*, a. a. O., III 1, S. 975.

42) s. oben, S. 62.

43) RG 2. II. 1931, RGZ Bd. 131, S. 239 (249); BGH 19. VI. 1952, MDR 1952, S. 886; *Enneccerus-Lehmann*, 15. Aufl., § 240 II 1, S. 971.

a[1]) Ursachen der Kanalisierung

aa) Wirtschaftliche Rechtfertigung gegenüber Geschädigten

Der Geschädigte erleidet durch diese rechtliche Kanalisierung der Haftung auf den Staat keine nennenswerte Einbuße, da der Staat im allgemeinen ein leistungsfähiger Schuldner ist. Hinzu kommt, daß die Subsidiaritätsklausel überhaupt nur dann zur Anwendung kommt, wenn auf andere Weise Ersatz zu erlangen ist. Ist also der Staat ausnahmsweise nicht solvent, so haftet der Beamte.

bb) Dogmatische Begründung

Handeln als juristische Person

Nach der Konzeption des Gesetzes wird man die rechtliche Kanalisierung nicht dadurch als begründet ansehen können, daß der Staat eine juristische Person ist; dem steht entgegen, daß eine ähnliche Regelung nicht für Organe und verfassungsmäßige Vertreter von juristischen Personen des Privatrechts besteht.

Juristische Person des öffentlichen Rechts als Träger des Gemeinwohles

Der Grund kann vielmehr nur darin erblickt werden, daß ein überwiegendes öffentliches Interesse an der Handlungsfähigkeit der juristischen Personen des öffentlichen Rechts besteht. Dieses rührt daher, daß die juristische Person des öffentlichen Rechts dem Gemeinwohl verpflichtet ist. Unsere Gesellschaft wird mehr und mehr durch die Lenkung und Einflußnahme des Staates bestimmt; nicht nur hinsichtlich der Gesetzgebung, sondern vor allem auch im Bereich der Daseinsvorsorge kann die Gesellschaft nicht mehr auf den Staat verzichten. Da der Staat gerade auch in diesem Bereich in privatrechtlichen Formen handelt, gelten diese Ausführungen nicht für hoheitliches Handeln des Staates.

Schadenszurechnung an den Nutznießer fremder Tätigkeit

Die Handlungsfähigkeit des Staates aber wird erst durch seine Amtsträger begründet; diese werden überwiegend im Interesse des Staates tätig, wenn sie ihre dem Gemeinwohl verpflichtete Tätigkeit ausführen. Der Staat ist in erster Linie Nutznießer dieser Tätigkeit, in zweiter Linie sind es die Bürger; deshalb ist es gerechtfertigt, daß der Staat auch das Risiko dieser Tätigkeit trägt.

a[2]) Zusammenfassung

Die rechtliche Kanalisierung der Haftung auf den Staat wird durch die Schadenszurechnung an den Nutznießer fremder Tätigkeit begründet. Insofern muß die Regelung des § 839 Abs. 1 Satz 1 BGB als eine sozial fortschrittliche Regelung gegenüber der Haftung für gefahrgeneigte Tätigkeit angesehen werden, wo lediglich — bei gleicher Konstellation — eine wirtschaftliche Kanalisierung besteht. Was dort als sozial gerechtfertigt angesehen wurde, wird hier vollständig zu Ende geführt, nämlich die ausschließliche

---

S. 674 (676); BGH 16. IV. 1964, BGHZ Bd. 42, S. 176 (178).

Haftung des Dienstherrn für die fahrlässigen rechtswidrigen Handlungen der Gehilfen.

b) Anderweitige Haftung Dritter

Auch wenn der Beamte nur fiskalisch handelt, haben diejenigen Dritten, die neben ihm für den Schaden verantwortlich sind, diesen auch im Außenverhältnis allein zu tragen. Auch bei fiskalischem Handeln wird der Beamte also nach der Vorstellung des Gesetzgebers zum Wohl der Allgemeinheit tätig. Deshalb müssen deren Glieder, soweit sie an einem Schadensereignis beteiligt sind, dessen Haftung übernehmen.

c) Zusammenfassung

Voraussetzung der rechtlichen Kanalisierung im Rahmen des § 839 Abs. 1 Satz 2 BGB ist, daß neben dem Beamten ein leistungsfähiger Schuldner haftet; damit wird das Interesse des Geschädigten gewahrt; die rechtliche Kanalisierung hat ihren Grund darin, daß der Beamte überwiegend zum Nutzen des Staates und damit der Gesamtheit handelt.

2. *Referentenentwurf 1967*

a) Aufhebung des § 839 BGB

Der Referentenentwurf schlägt vor, alle Sonderregelungen für fiskalische Handlungen der Beamten aufzuheben[44]); damit wäre die geschilderte rechtliche Kanalisierung beseitigt.

Diese rechtliche Kanalisierung gilt de lege lata nur für Beamte im staatsrechtlichen Sinne; anderen Amtsträgern kommt sie nicht zustatten. Im Entwurf wird die Ansicht vertreten, die unterschiedliche Haftungsweise stehe nicht im Einklang mit dem verfassungsrechtlichen Gebot der Gleichbehandlung wesensgleicher Sachverhalte. Für den Staatsbürger hänge es vom Zufall ab, ob ihm ein Beamter oder ein anderer Amtsträger gegenüber stehe; es lasse sich kein Grund dafür finden, daß der Beamte anders gestellt werde als andere Amtsträger.

b) Stellungnahme

aa) Verfassungsmäßigkeit der geltenden Regelung

§ 839 Abs. 1 Satz 2 BGB verletzt den Gleichheitsgrundsatz des Art. 3 GG nicht. Es besteht vielmehr ein ausreichender sachlicher Grund für diese Spezialnorm[45]): § 839 Abs. 1 BGB erweitert die Haftung des Beamten über den Rahmen der allgemeinen Deliktshaftung hinaus; damit er durch diese Haftungserweiterung nicht in seiner Entschlußkraft gehemmt wird, soll er bei Fahrlässigkeit nur subsidiär haften.

---

44) Referentenentwurf II, S. 119.

45) BGH 23. X. 1958; LM Nr. 7 zu § 839 E BGB; BGH 29. I. 1968; NJW 1968, S. 696 (699).

bb) Bedürfnis einer Neuregelung

Dennoch soll nicht angezweifelt werden, daß eine Neuregelung wünschenswert ist. Die unterschiedliche Haftung von Beamten im staatsrechtlichen Sinne und anderen Amtsträgern ist unbefriedigend.

cc) Gleichbehandlung aller Amtsträger

Die angestrebte Neuregelung sollte jedoch dadurch verwirklicht werden, daß man die Haftung für andere Amtsträger der schon für Beamte bestehenden anpaßt.

Die insoweit geltende Rechtslage entspricht dem allgemeinen Zurechnungsprinzip, daß derjenige das Risiko trägt, der den Nutzen daraus zieht. Dieses Prinzip kann auch auf andere Amtsträger angewandt werden, denn sachlich besteht insoweit kein Unterschied zu den Beamten.

Nachteile des Referentenentwurfes

Wenn es im Entwurf als Vorteil begrüßt wird, daß die Beamtenhaftung bei fiskalischem Handeln den allgemeinen Regeln unterstellt werden soll, so wird das hier mehrfach aufgezeigte Zurechnungsprinzip der Nutznießung fremden Schadensrisikos nicht ausreichend gewürdigt. § 839 Abs. 1 Satz 2 BGB ist keineswegs eine überholte Norm, sondern durchaus modern, soweit sie die ausschließliche Dienstherrenhaftung statuiert[46]). Zwar wird im Entwurf vorgetragen, der Entwicklung werde durch die beabsichtigte Neuregelung des § 831 BGB Rechnung getragen[47]), doch zeigt gerade die Rechtsprechung im Arbeitsrecht, daß die Entwicklung zu einer ausschließlichen Haftung des Dienstherrn hindrängt.

Gleichstellung von hoheitlichem und fiskalischem Handeln

Die Neuregelung sollte jedoch nicht dabei stehen bleiben, § 839 Abs. 1 BGB bei fiskalischem Handeln auf alle Amtsträger zu erstrecken. Anzustreben ist vielmehr die Gleichstellung von hoheitlichem und fiskalischem Handeln durch Statuierung einer ausschließlichen Dienstherrenhaftung. Diese Lösung ist praktikabler und sachlich angemessen. Die unterschiedliche Behandlung von fiskalischem und hoheitlichem Handeln entspricht bei der sich vor allem im Bereich der Daseinsvorsorge immer weiter ausbreitenden öffentlichen Hand[48]) den Forderungen der Gerechtigkeit, angesichts der vielfach bestehenden Wahlmöglichkeit der öffentlichen Hand, ob sie in hoheitlichen oder privatrechtlichen Formen handeln will[49]). Davon sollte der Schutz des handelnden Amtsträgers vor gegen ihn gerichteten Ansprüchen nicht abhängig sein[50]).

Hinzu kommt, daß die Abgrenzung von hoheitlichem und fiskalischem Handeln eine häufig sehr schwierige Frage ist[51]), die dann in diesem Gebiet keine Probleme mehr aufwerfen würde.

---

46) Vgl. *Bettermann*, DÖV 1954, S. 300 (302).
47) Referentenentwurf II, S. 120.
48) *Forsthoff*, Rechtsfragen, S. 27, 38.
49) *Wagner*, JZ 1968, S. 245.
50) Der Schutz der Grundrechte wird auch nicht mehr davon abhängig gemacht, ob der Staat hoheitlich oder privatrechtlich handelt.
51) Referentenentwurf II, S. 120; *Wagner*, JZ 1968, S. 245.

D. Zusammenfassende Beurteilung

I. Gemeinsamer Grund rechtlicher Kanalisierung

1. Handeln zum Nutzen anderer

Als gemeinsamer Grund der hier untersuchten Fälle rechtlicher Kanalisierung ist das Handeln zum Nutzen anderer anzusehen. Das gilt sowohl für den Arbeitnehmer, der zugunsten des sozialversicherungspflichtigen Arbeitgebers handelt, wie auch für den Amtsträger, der zugunsten des Staates und der Gesellschaft handelt.

Dies ist allerdings nicht der einzige Grund für die rechtliche Kanalisierung: die Haftungsregelung nach §§ 636, 637 RVO wird in erster Linie mit der Aufrechterhaltung des Betriebsfriedens, § 839 Abs. 1 BGB mit Sicherung der Entschlußfreiheit des Amtsträgers motiviert.

Dennoch würde man die rechtliche Kanalisierung auf eine zu schmale Basis stellen, wollte man die hier behandelten Fälle allein unter diesen rechtspolitischen Erwägungen sehen. Man wäre dann geneigt, sie als reine Spezialtatbestände zu werten, ohne zu erkennen, daß die rechtliche Kanalisierung letztlich nur die konsequente Lösung eines soziologischen Sachverhaltes ist, der die gesamte Thematik der Kanalisierung der Haftung durchzieht.

Dieser Sachverhalt läßt sich dahin umschreiben, daß eine im allgemeinen vermögenslose Person mit Mitteln und zugunsten einer anderen vermögenden Person handelt und dabei Schäden anrichtet, die zu tragen sie nicht in der Lage ist, ohne erheblich beeinträchtigt zu werden. Auf diesen Nenner können die Fälle der tatsächlichen, wirtschaftlichen und rechtlichen Kanalisierung gebracht werden. Eine Ausnahme gilt nur, soweit im Falle des § 839 Abs. 1 Satz 2 BGB nicht der Staat, sondern ein Bürger neben dem Beamten haftet; hier handelt der Beamte nur mittelbar zugunsten des Bürgers.

2. Vertiefter sozialer Kontakt

Wie § 839 Abs. 1 Satz 2 BGB in dem soeben erwähnten Fall zeigt, daß ein Bürger neben dem Beamten haftet, besteht nicht immer eine gesteigerte soziale Verbundenheit zwischen der entlasteten und belasteten Person, was Pelzer als das gemeinsame Kriterium der Fälle rechtlicher Kanalisierung ansehen will[52]). Indes wird im übrigen ein solcher vertiefter sozialer Kontakt stets bestehen. Er wird konkretisiert durch ein Handeln zum Nutzen anderer.

II. Übergang von wirtschaftlicher zu rechtlicher Kanalisierung

Die rechtliche Kanalisierung, wenn auch als Ausnahmetatbestand zu begreifen, ist die konsequente Folgerung aus dem geschilderten soziologischen Sachverhalten. Sie verwirklicht rechtlich, was rechtstatsächlich auch in den

---

[52]) *Fischerhof* II-*Pelzer*, Erl. Haftungskonventionen, S. 334.

Fällen der wirtschaftlichen Kanalisierung der Fall ist, nämlich die Haftung des Nutznießers fremder Tätigkeit. Diese Übereinstimmung der Rechtswirklichkeit mit der rechtlichen Regelung macht die rechtliche Kanalisierung zu einem — in rechtssoziologischer Hinsicht — Beispiel einer wirklichkeitsnahen Rechtsvorschrift.

Die Einführung der rechtlichen Kanalisierung hätte in den Fällen der wirtschaftlichen Kanalisierung hinsichtlich der Rechtsstellung der Schädiger untereinander keine Veränderung der materiellen Rechtslage zur Folge.

Die Rechtsstellung der Geschädigten würde hingegen zwar formal in den Fällen der Haftung für gefahrgeneigte Tätigkeit im Arbeitsrecht sowie der Haftung bei Kraftfahrzeugunfällen, nicht aber materiell beeinträchtigt werden. Der Arbeitgeber ist stets ein leistungsfähigerer Schuldner als der Arbeitnehmer; bei Kraftfahrzeugunfällen aber besteht nach § 3 PflVG ein Direktanspruch gegen den Versicherer.

Dennoch kann nur im Falle der Haftung für gefahrgeneigte Tätigkeit die Einführung der rechtlichen Kanalisierung empfohlen werden, solange man auf dem Boden des individuellen Haftungsrechtes verharren will. Ein ausschließlicher Anspruch gegen den Haftpflichtversicherer sprengt den Rahmen des auf der Verantwortlichkeit des einzelnen aufbauenden Haftungsrechtes.

Würde man die Haftung des Arbeitnehmers rechtlich auf den Arbeitgeber kanalisieren, so würde damit auch eine Gleichstellung von Arbeitnehmer- und Beamtenhaftung in dem oben vorgeschlagenen Sinne erfolgen.

Teil B:

Kanalisierung der Haftung im Atomrecht

1. KAPITEL: DEUTSCHES ATOMGESETZ

1. Abschnitt: Vorbemerkung zum Haftungssystem

Die Möglichkeit der friedlichen Verwendung und Nutzbarkeit atomarer Energie stellte den Gesetzgeber auch im Bereich des Haftpflichtrechtes vor mannigfache Fragen. Obwohl die allgemeinen Schadenszurechnungsprinzipien der Verschuldens- und Gefährdungshaftung auch im Atomrecht im wesentlichen beibehalten wurden, ist doch eine eigengeartete Regelung entstanden, die sich aus dem Zusammenwirken allgemeiner Haftungsnormen nach bürgerlichem Recht und besonderer nach Atomrecht ergibt.

A. Gefährdungshaftung

§ 25 Abs. 1 AtomG legt dem Inhaber einer ortsfesten Anlage zur Erzeugung oder Spaltung von Kernbrennstoffen oder zur Aufarbeitung bestrahlter Kernbrennstoffe die Haftung für die Schäden aus einem Kernspaltungsvorgang und der Strahlung von radioaktiven Stoffen auf, die von der Anlage oder aus einer dem Betrieb zugehörigen Einrichtung oder Handlung ausgehen. Diese Haftung ist vom Verschulden unabhängig. Sie ist begrenzt auf 500 Millionen Deutsche Mark, §§ 38 Abs. 1, 36 Abs. 1 Satz 2 AtomG.

B. Verschuldenshaftung

Unberührt von der Statuierung der Gefährdungshaftung bleiben die allgemeinen Vorschriften, nach denen der Inhaber einer atomaren Anlage in weiterem Umfange haftet; ebenso solche Vorschriften, nach denen andere Personen für den Schaden verantwortlich sind, § 33 AtomG. Somit haftet jeder, der einen atomaren Schaden schuldhaft verursacht. Für den Inhaber der Atomanlage sowie eine bestimmte Gruppe von Personen, § 15 Abs. 2 AtomG, ist auch die Verschuldenshaftung der Höhe nach auf 500 Millionen DM begrenzt, ein in der geltenden deutschen Rechtsordnung einzigartiger Fall[1]).

2. Abschnitt: Tatsächliche Kanalisierung

A. Unterschiedliche Haftungsvoraussetzungen

Das Nebeneinander von Gefährdungs- und Verschuldenshaftung kann zu einer tatsächlichen Kanalisierung der Haftung in dem oben beschriebenen Sinn[2]) führen. Der Geschädigte braucht im Prozeß weder ein Verschulden zu behaupten noch zu beweisen.

B. Beweiserleichterungen

Daneben gibt es im Atomgesetz auch einen Fall tatsächlicher Kanalisierung durch Beweiserleichterungen[3]). Der Besitzer radioaktiver oder von einer Kernspaltung oder Kernvereinigung betroffener Stoffe, der nicht Inhaber einer atomaren Anlage ist, haftet zwar nur nach Verschuldensgrundsätzen, jedoch braucht der Geschädigte des Verschulden nicht zu beweisen, sondern der Besitzer muß sich entlasten, § 26 AtomG; dies ist ein Anreiz, den Besitzer vor anderen Schädigern in Anspruch zu nehmen.

3. Abschnitt: Wirtschaftliche Kanalisierung

Die geschilderten Fälle tatsächlicher Kanalisierung sind jedoch nur Randerscheinungen des Atomgesetzes. Im Mittelpunkt der Regelung steht die wirtschaftliche Kanalisierung. Ein gewisser Personenkreis wird im Innenverhältnis von der Haftung freigestellt; diese Freistellung erfolgt in der Regel entweder durch eine vom Inhaber der Anlage abzuschließende Versicherung oder durch eine Freistellungsverpflichtung des Staates.

A. Deckungsvorsorge durch Versicherung

I. § 15 Abs. 2 AtomG

Die Errichtung, der Betrieb oder sonstige Innehabung einer atomaren Anlage ist genehmigungspflichtig, § 7 Abs. 1 AtomG; die Genehmigung

---

1) *Mattern-Raisch*, Anm. 4 zu Vorbem. vor § 25, S. 219; *Esser*, FAZ v. 10. XI. 1956, S. 5.

2) s. oben, S. 24.

3) s. oben, S. 24.

darf nur erteilt werden, wenn der Antragsteller Vorsorge für die Erfüllung gesetzlicher Schadensersatzverpflichtungen getroffen hat aus Schäden, die durch die Errichtung oder den Betrieb der Anlage Einzelne oder die Allgemeinheit beeinträchtigen können, § 7 Abs. 2 Ziff. 3 AtomG; ausgenommen von dieser Pflicht sind der Bund und die Länder, § 13 Abs. 4 AtomG.

Art und Umfang der Deckungsvorsorge werden von der Verwaltungsbehörde festgesetzt, § 13 Abs. 1 Satz 1 AtomG; sie soll im Regelfall nicht hinter dem Höchstmaß des Versicherungsschutzes zurückbleiben, der auf dem Versicherungsmarkt zu zumutbaren Aufwendungen erhältlich ist, § 13 Abs. 2 Satz 1 AtomG.

Damit zeigt sich, daß der Nachweis der erforderlichen Deckungsvorsorge in der Regel durch den Nachweis einer Haftpflichtversicherung erbracht werden wird[4]). § 15 AtomG regelt speziell diesen Fall.

Die Deckungsvorsorge kann aber auch durch eine Freistellungs- und Gewährleistungsverpflichtung eines Dritten nachgewiesen werden. Da für diese Art der Deckungsvorsorge ebenfalls § 15 AtomG entsprechende Anwendung findet, soll die Deckungsvorsorge durch Haftpflichtversicherung im folgenden beschrieben werden.

1. Mehrere Haftpflichtige unter einem Deckungsschutz

a) Erfaßter Personenkreis

Die Haftpflichtversicherung muß die gesetzlichen Schadensersatzverpflichtungen einschließen, welche infolge von Kernspaltungsvorgängen oder radioaktiver Strahlung solchen Personen entstehen, die mit Zustimmung des Inhabers der Anlage neben diesem oder an seiner Stelle die Anlage betreiben, betrieben, benutzen oder benutzt haben, § 15 Abs. 2 Ziff. 1 AtomG.

Sie hat weiter diejenigen Personen einzuschließen, die „befugterweise Sach-, Dienst, Werkleistungen zur Planung, Errichtung, Inbetriebsetzung, Benutzung, Inbetriebhaltung oder Instandsetzung der Anlage oder zur Beseitigung von Abfällen bewirken oder bewirkt haben“, § 15 Abs. 2 Ziff. 2 AtomG. Schließlich muß sie auch alle diejenigen umfassen, die von dem zur Deckungsvorsorge verpflichteten oder einer in § 15 Abs. 2 Ziff. 1, 2 bezeichneten Person „zu einer Planung, Einrichtung, Inbetriebsetzung, Benutzung oder Instandsetzung der Anlage oder der Beseitigung von Abfällen dienenden Vorrichtung bestellt sind oder waren“, § 15 Abs. 2 Ziff. 3 AtomG.

Aus diesem abstrakt umschriebenen Personenkreis sind beispielhaft zu erwähnen: beratende Ingenieure, Konstrukteure, Bauunternehmer, Zulieferer, Angestellte der Zulieferer, Bedienstete einer Betriebsgesellschaft, die einen Reaktor betreibt[5]).

---

[4]) Reg.Begründung zu § 15 AtomG, S. 29; *Fischerhof* I, Anm. 1 zu § 15, S. 283.

[5]) *Kruse*, Anm. 5, 6, 7 zu § 15, S. 79; *Mattern-Raisch*, Anm. 30 zu § 15, S. 175; *Fischerhof* I, Anm. 16, 17, 18 zu § 15, S. 291—293.

Der Haftpflichtversicherer muß sich verpflichten für die Schadensersatzverpflichtung dieser Leute, die im ungünstigsten Fall das gesamte Risiko der atomaren Anlage umfassen kann[6]), einzustehen.

Diese Regelung wird als wirtschaftliche Kanalisierung bezeichnet[7]). Die Haftung ist auf den Inhaber der Anlage wirtschaftlich kanalisiert, weil dieser verpflichtet ist, die genannten Personen von der Haftung im Innenverhältnis freizustellen, indem er sie in die von ihm zur Erfüllung von gesetzlichen Schadensersatzverpflichtungen aufzubringende Deckungsvorsorge einzubeziehen hat.

b) Deckungslücken

Wenn auch der von § 15 Abs. 2 AtomG erfaßte Personenkreis sehr umfassend ist, so werden doch keineswegs alle Personen einbegriffen, die einen atomaren Schaden auslösen können[8]). Nicht nur läßt es sich vorstellen, daß ein atomarer Unfall durch den Absturz eines Flugzeugs auf eine Atomanlage ausgelöst wird[9]); denkbar ist auch, daß ein Industriespion oder eine andere Person, die sich unbefugt in dem Bereich einer atomaren Aalage aufhält, den atomaren Schaden herbeiführt.

2. *Ursachen der Kanalisierung*

Wenn es sich bei dem von § 15 Abs. 2 AtomG erfaßten Personenkreis um solche Leute handelt, die zu dem Betrieb der Anlage in einer näheren Beziehung stehen, so macht das zugleich deutlich, warum die wirtschaftliche Kanalisierung gesetzlich angeordnet ist. Der Grund ist im § 1 AtomG niedergelegt:

Dort heißt es:

„Zweck dieses Gesetzes ist

(Ziff. 1) Die Erforschung, die Entwicklung und die Nutzung der Kernenergie zu friedlichen Zwecken zu fördern,

(Ziff. 2) ... durch Kernenergie und ionisierende Strahlen verursachte Schäden auszugleichen."

a) Volkswirtschaftliche Motive

Diese Ziele zu erreichen, wird durch die wirtschaftliche Kanalisierung erleichtert.

aa) Entwicklungsförderung der Kernenergie

Wer an dem Bau und dem Betrieb einer atomaren Anlage mitarbeitet, braucht nicht zu befürchten, unter Umständen erheblichen Regreßansprüchen ausgesetzt zu sein. Wie in dem Brookhaven Report der Atomic Energy Commission der Vereinigten Staaten von 1957 ausgesprochen wurde, kann

---

6) Reg.Begründung zu § 15 AtomG, S. 29; *Fischerhof* I, Anm. 12 zu § 15, S. 289; *Schindel*, S. 60, 61.

7) *Fischerhof* I, Anm. 12 zu § 15, S. 290; *Mattern-Raisch*, Anm. 31 zu § 15, S. 176; *Weitnauer*, DB 1961, S. 666 (667); *Hannak*, JBl. 1961, S. 537 (538); *Mosthaf*, VersR 1967, S. 197; *Kanno*, S. 10, 11.

8) *Weitnauer*, Atomhaftungsrecht, S. 148, 149.

9) *Mosthaf*, VersR 1967, S. 197 (198).

allein der Sachschaden bei atomaren Unfällen unter ungünstigsten Voraussetzungen 7 Milliarden Dollar betragen[10]). So ist es zu erklären, daß vor allem die amerikanischen Zulieferer von atomarem Brennstoff darauf drangen[11]), von der Haftung freigestellt zu werden; da in der Bundesrepublik Deutschland kein atomarer Brennstoff in Form von angereichertem Uran[12]) hergestellt wird, war es schon aus diesem Grunde notwendig, die Haftung wirtschaftlich zu kanalisieren, wenn man an der friedlichen Nutzung atomarer Energie interessiert war.

Die Bedeutung der friedlichen Nutzung der Atomenergie ist für die Bundesrepublik Deutschland besonders groß[13]). Die Bundesrepublik ist ein überbevölkertes Land, welches seine Existenz nur wahren kann, wenn es exportiert; dazu bedarf es billiger Energie, von der industrieller Fortschritt abhängig ist. Die Atomkraftwerke werden in naher Zukunft billige Energie liefern[14]).

Bedenkt man, daß ein mangelhaftes Ersatzstück oder ein geringfügiger Bedienungsfehler zu schweren Reaktorunfällen führen können, so wird es verständlich, daß die Haftungsfreistellung durch Versicherung aller an einer Atomanlage tätigen Personen, § 15 Abs. 2 AtomG, der Förderung der friedlichen Verwendung atomarer Energie dienlich ist.

bb) Pyramidisierung von Versicherungsverträgen

Ohne die wirtschaftliche Kanalisierung wären die Zulieferer und alle anderen Personen, die an einer Atomanlage beteiligt sind, § 15 Abs. 2 AtomG, gezwungen gewesen, sich — bei dem hohen Risiko — gegen die Inanspruchnahme für Drittschäden zu versichern. Dies hätte zu einer Anhäufung von Haftpflichtversicherungsverträgen geführt; das war wirtschaftlich nicht wünschenswert. Nicht nur wären im Anschluß an einen Unfall sicherlich langwierige Auseinandersetzungen zwischen den Haftpflichtigen und ihren Versicherern zu erwarten gewesen. Wichtiger ist, daß die Prämien, die jeder einzelne zu zahlen gehabt hätte, auf den Preis seiner Leistung hätte umgeschlagen werden müssen. Da jeder Beteiligte mindestens theoretisch das gesamte Atomrisiko trägt, obwohl er möglicherweise nur geringwertige Leistungen erbringt, hätten Beteiligten nur sehr teuren Versicherungsschutz erlangen können, so daß die Preise ihrer Leistungen unangemessen geworden wären. Das hätte die gesamte Kernenergie sehr stark verteuert[15]).

---

[10]) Theoretical Possibilities and Consequences of Major Accidents in Large Nuclear Power Plants, WASH-40 US Atomic Energy Commission (March 1957), zitiert nach *Lowenstein*, S. 238.

[11]) *Edlbacher*, ÖJZ 1967, S. 477; *Schindel*, S. 61.

[12]) Reaktoren, die mit Natururan arbeiten, sind erst neuerdings entwickelt worden, vgl. Der Spiegel 1968 Nr. 10, S. 61, 62.

[13]) *Weizsäcker*, S. 132; *Giesecke*, S. 18, 26, 27.

[14]) Eine Kilowattstunde Strom kostet in einem Steinkohlekraftwerk 3,5 Pfennig, in einem Heizölkraftwerk 2,9 Pfennig, in den geplanten Atomkraftwerken Würgassen und Stade voraussichtlich 2,5 Pfennig; geplant ist sie auf 1,5 Pfennig zu senken; vgl. Der Spiegel 1967 Nr. 51, S. 105, 108.

[15]) *Fischerhof* I, Anm. 12 zu § 15, S. 289; *Weitnauer*, DB 1961, S. 666 (667); *Schindel*, S. 62; Reg.Begründung zu § 15, S. 29 (AtomG).

Darüber hinaus ist es zweifelhaft, ob überhaupt von der Versicherungswirtschaft derartige Einzelverträge hätten abgeschlossen werden können. In Amerika bietet die Versicherungswirtschaft derartige Versicherungen nicht an[16]).

b) Dogmatische Begründung

aa) Warenpreisorientierte Schadenverteilung

So stellt sich der Preis der von den Beteiligten zu erbringenden Leistung als Verteiler des Schadens dar. Grundsätzlich muß jeder Unternehmer das Schadensrisiko selbst tragen. Er kalkuliert es deshalb in den Preis seiner Ware ein. Dies entfällt bei der wirtschaftlichen Kanalisierung der Haftung durch Versicherung nach dem Atomgesetz. Das Schadensrisiko belastet den Preis nicht, weil der Empfänger der Leistung verpflichtet ist, den Leistenden von Schadensersatzansprüchen freizustellen. Preis und Schadenverteilung stehen in ursächlichem Zusammenhang.

bb) Zurechnung an den Nutznießer fremden Schadensrisikos

Es ist deshalb nicht ohne Bedeutung für die dogmatische Begründung der wirtschaftlichen Kanalisierung der Haftung nach dem Atomgesetz, daß dieser Zusammenhang zwischen dem Schadensrisiko und dem Entgelt für eine Tätigkeit auch schon bei der Haftung für gefahrgeneigte Tätigkeit im Arbeitsrecht festgestellt werden konnte. Die spezifischen Regeln über diese Haftungsbeschränkung finden nur dann Anwendung, wenn das Risiko schadengeneigter Tätigkeit nicht im Lohn oder sonstwie vergütet wird[17]).

Dies wirft die Frage auf, ob auch die Haftungsregelung im Atomrecht auf der Grundlage der Risikozurechnung an den Nutznießer fremder gefahrbehafteter Tätigkeit gesehen werden kann.

Gefahrbehaftete Tätigkeit

Die wirtschaftliche Mitwirkung an atomaren Anlagen muß als gefahrbehaftete Tätigkeit angesehen werden. Dank der außerordentlich strengen Zulassungsbestimmungen für atomare Anlagen, die schärfer und eingreifender sind als für irgendeine andere Tätigkeit, ist der Sicherheitsstatus von Kernanlagen außerordentlich gut. So beträgt etwa die Zahl tödlicher Verletzter innerhalb von zwanzig Jahren bei 845 im In- und Ausland beobachteten Vorkommnissen lediglich 27[18]). Weil aber — wie der Brookhaven Report zeigt — auftretende Schäden ganz außerordentlich hoch sein können, rechtfertigt es sich dennoch von gefahrbehafteter Tätigkeit zu sprechen; dazu sind auch solche Tätigkeiten zu zählen, bei denen die Schadenshäufig-

---

16) *Schindel*, S. 178; *Haunschild*, VW 1957, 610 (614).
17) s. oben, S. 48.
18) *Schulz*, S. 392.
19) *Gaul*, DB 1962, S. 166; *Huber*, S. 67.
20) *Mattern-Raisch*, Anm. 3 zu § 36, S. 321; *Jaspers*, S. 20.

keit zwar gering, die Schadenshöhe aber außerordentlich sein kann[19]). Das atomare Wagnis ist auch heute noch nicht völlig beherrschbar[20]).

Selbständige Personen

Im Gegensatz zu abhängigen und wirtschaftlich schwachen Arbeitnehmern wirken — namentlich beim Bau von Kernkraftwerken — vielfach finanzstarke[21]) selbständige Unternehmen bei Atomanlagen mit. In Deutschland sind so bedeutende Firmen wie das Haus Siemens[22]), AEG-Telefunken[23]), Krupp[24]), Guthoffnungshütte-MAN[25]), Brown Boverie & Cie[26]) an der Erforschung und Nutzung der Kernenergie beteiligt[27]).

Fremder Nutzen

Wirtschaftliche Abhängigkeit ist keine notwendige Voraussetzung dafür, daß man von einer fremdnützigen Tätigkeit sprechen kann. Entscheidend ist allein, wer einen überwiegenden Vorteil hat.

Das ist im wirtschaftlichen Leben immer eine sehr schwierige Frage, weil Vorteil und Nutzen verschieden gesehen werden können.

Dennoch wird man sagen dürfen, ein sicheres Indiz dafür, daß eine Tätigkeit nicht überwiegend eigennützig ist, liegt dann vor, wenn ein Unternehmen es ablehnt, Geschäfte abzuschließen und tätig zu werden; diese Sachlage aber bestand in der Atomindustrie. In Amerika, von wo die friedliche Nutzung der Kernenergie ihren Ausgang genommen hat, waren die Unternehmer nur unter der Bedingung zur Mitarbeit zu gewinnen, daß sie von den Schadensersatzverpflichtungen freigestellt wurden[28]). Andernfalls — so muß man schließen — sahen sie angesichts der atomaren Risiken keinen Nutzen für sich. Offensichtlich boten auch Versicherungsmöglichkeiten solchen Nutzen nicht.

Die Freistellung von Ersatzverpflichtungen muß deshalb als die Scheide von fremdem zu eigenem Nutzen angesehen werden.

Mit der Freistellung wurde so das Schadensrisiko aus atomarer Tätigkeit demjenigen zugeteilt, welcher den überwiegenden Nutzen davon hat: dem Inhaber der Anlage.

Die wirtschaftliche Kanalisierung durch Versicherung im geltenden Atomrecht entspricht also dem allgemeinen Prinzip der Schadenszurechnung an den Nutznießer einer fremden gefahrbehafteten Tätigkeit.

---

[21]) 1967 Umsatz in Millionen (vgl. Süddeutsche Zeitung v. 4. V. 1968 Nr. 108, S. 25).

[22]) Siemens	7937 Millionen DM	Umsatz.
[23]) AEG-Telefunken	5166 Millionen DM	Umsatz.
[24]) Krupp	5007 Millionen DM	Umsatz.
[25]) GHH-MAN	4187 Millionen DM	Umsatz.
[26]) BBC	1300 Millionen DM	Umsatz.

[27]) Der Spiegel 1967 Nr. 51, S. 105 (106).

[28]) *Fischerhof*, VersR 1966, S. 601.

3. Grenzen der Kanalisierung

a) Deckungslücken

aa) Ausgeschlossener Personenkreis

Wie schon erwähnt, erstreckt sich die Haftpflichtversicherung nur auf einen bestimmten Personenkreis. Soweit andere Personen einen atomaren Unfall verursachen oder mitverursachen, gelten auch im Innenverhältnis die allgemeinen Regeln über den Ausgleich unter Gesamtschuldnern.

Dies ist eine folgerichtige Durchführung des Prinzips der Zurechnung des Schadensrisikos an dessen Nutznießer; diejenigen Personen, die von der wirtschaftlichen Kanalisierung ausgeschlossen sind, wie der Halter eines abstürzenden Flugzeugs oder der Industriespion werden nicht zugunsten des Inhabers der Anlage tätig.

bb) Ausgeschlossene Schäden

Nichtnukleare Schäden

Die Deckungsvorsorge beschränkt sich auf nukleare Schäden, § 15 Abs. 2 AtomG; das entspricht dem Zweck des Gesetzes, eine Regelung speziell atomrechtlicher Probleme zu sein.

Eigenschäden

Bei Eigenschäden findet ebenfalls keine wirtschaftliche Kanalisierung statt, §§ 38 Abs. 2, 36 Abs. 2 AtomG.

Begriff

Unter Eigenschäden sind solche Schäden zu verstehen, die den Inhaber der Atomanlage oder eine der in § 15 Abs. 2 AtomG genannten Personen beim Betrieb der Anlage oder bei einer in § 15 Abs. 2 AtomG bezeichneten Tätigkeit treffen[29]). Darunter fallen also auch solche Schäden, die der Inhaber der Anlage den in § 1 Abs. 2 AtomG genannten Personen oder umgekehrt zufügt (Schäden im betrieblichen Rahmen). So können dem Inhaber der Anlage Schadensersatzansprüche gegen die in § 1 Abs. 2 AtomG bezeichneten Personen zustehen[30]).

Ursache

Dieses Risiko sollen die Beteiligten selber tragen. Nach der Regierungsbegründung[31]) ist es wünschenswert, daß über die Abwicklung solcher Schäden vor oder nach deren Eintritt unter den Beteiligten besondere vertragliche Vereinbarungen getroffen werden. Es ist daran gedacht worden, daß die Beteiligten Schadensersatzansprüche untereinander ausschließen[32]).

Gesetzgeberische Gestaltungsmittel

Rechtliche Kanalisierung

Diese Vorstellung hat sich auch im Gesetz niedergeschlagen und im Ergebnis zu einer bevorzugten Behandlung einer Gruppe von Industriebe-

---

29) *Weitnauer*, Atomhaftungsrecht, S. 148, 149; *Fischerhof* I, Anm. 20 zu § 36, S. 497; *Mattern-Raisch*, Anm. 17 zu § 36, S. 329.

30) *Mattern-Raisch*, Anm. 17 zu § 36, S. 329.

31) Reg.Begründung zu § 36 AtomG, S. 40; *Fischerhof* I, Anm. 19 zu § 36, S. 497.

32) *Fischerhof* I, Anm. 6 zu § 38, S. 508.

trieben geführt, die an einem für das Gemeinwohl besonders wichtigen Projekt arbeiten. Nach § 38 Abs. 2 Satz 2 AtomG können der Inhaber der Anlage und die in § 15 Abs. 2 AtomG bezeichneten Personen wegen solcher Eigenschäden nur in Anspruch genommen werden, wenn der Geschädigte nicht auf andere Weise Ersatz zu erlangen vermag.

Wie im Falle des § 839 Abs. 1 Satz 2 BGB wird auch hier aus Gründen, die am Gemeinwohl ausgerichtet sind, eine rechtliche Kanalisierung eingeführt.

Einschränkung

Dennoch kann diese Norm nicht dem § 839 Abs. 1 Satz 2 BGB gleichgestellt werden. Nach § 839 Abs. 1 Satz 2 BGB ist ein anderweitiger Ersatzanspruch vor allem auch ein gesetzlicher Schadensersatzanspruch des Geschädigten gegen einen Dritten. Gerade ein solcher Anspruch wird aber nach § 38 Abs. 2 Satz 3 AtomG als anderweitiger Ersatzanspruch ausgeschlossen. Werden also beispielsweise ein Zulieferer und ein Dritter dem Inhaber der Anlage aus unerlaubter Handlung schadensersatzpflichtig, so haften sie als Gesamtschuldner nach § 840 Abs. 1 BGB.

Der Dritte trägt das Risiko nicht allein; das wäre eine Überspitzung des Schutzes der Atomindustrie gewesen.

Gedacht ist vielmehr nur an Leistungen aus einer Versicherung, z. B. einer privaten Unfallversicherung oder aus der Sozialversicherung[33]).

b) Regreß des Versicherers

Die mitversicherten Personen, § 15 Abs. 2 AtomG, sind nach §§ 15 Abs. 1 AtomG, 158 f VVG dem Rückgriff des Versicherers ausgesetzt.

Den Regreß des Versicherers offenzuhalten ist eine zu begrüßende Einschränkung der wirtschaftlichen Kanalisierung, weil dadurch Auswüchse vermieden werden.

II. § 35 AtomG

Ein weiterer Fall der wirtschaftlichen Kanalisierung durch Versicherung findet sich bei der Übernahme der Deckungsvorsorge für Beförderungen.

1. Haftung bei Transporten

Grundsätzlich trifft nach § 26 AtomG das atomare Schadensrisiko bei der Beförderung von Kernbrennstoffen oder sonstigen radioaktiven Stoffen den Beförderer als Besitzer der Stoffe; außerdem kann sich dessen Verantwortlichkeit auch aus den Haftpflichtbestimmungen des Beförderungsrechts und des Bürgerlichen Gesetzbuches ergeben[34]).

Um eine Genehmigung zur Beförderung der Kernbrenn- oder sonstiger radioaktiver Stoffe zu erhalten, hat der Beförderer nachzuweisen, daß er die erforderliche Vorsorge für die Erfüllung gesetzlicher Schadensersatzver-

---

[33]) *Fischerhof* I, Anm. 7 zu § 38, S. 508, 509.
[34]) *Fischerhof* I, Anm. 3 zu § 35, S. 480.

pflichtungen getroffen hat, § 4 Abs. 2 Nr. 3 AtomG, § 4 Abs. 2 Nr. 4 1. SSVO.

Daneben kann sich auch eine Verantwortung des Absenders ergeben. Absender im Sinne des § 35 AtomG ist, wer radioaktive Stoffe zur Beförderung aufgibt. Das ist — weitergehend als nach §§ 426, 433 HGB — jeder, der die Stoffe zur Beförderung bestimmt und ihre Übergabe an den Beförderer vornimmt oder veranlaßt[35]). Absender kann daher auch der Hersteller, Verwender[36]) oder der Eigentümer der Stoffe sein. Namentlich aus der Verletzung der Verkehrssicherungspflicht kann sich für diese Personen eine Verantwortlichkeit ergeben[37]).

2. *Inhalt der Norm*

Nach § 35 Abs. 1 AtomG ist der Absender verpflichtet, Vorsorge für die Erfüllung der gesetzlichen Schadensersatzverpflichtungen zu treffen, die sich für den Beförderer und seine Leute bei der Beförderung aus radioaktiven Strahlungen ergeben können, d. h. der Absender muß das atomare Risiko übernehmen. Die Haftung des Beförderers im Außenverhältnis bleibt davon unberührt; durch § 35 Abs. 1 AtomG wird lediglich eine interne Verpflichtung des Absenders gegenüber dem Beförderer begründet.

§ 35 Abs. 1 AtomG stellt also einen Fall wirtschaftlicher Kanalisierung der Haftung dar.

3. *Ursachen der Kanalisierung*

a) Volkswirtschaftliche Motive

Nach der Regierungsbegründung ist es der Zweck des § 35 AtomG, den Beförderer von den unverhältnismäßig hohen Kosten der Deckungsvorsorge zu befreien, um das Tarifgefüge der öffentlichen Verkehrsträger zu wahren.

Das deutsche wie das internationale Frachtsystem beruht auf Frachtraten, die nach einem bestimmten Tarifsystem gebildet werden. Die üblichen Frachtsätze schließen Kosten, wie sie sich für den Beförderer aus der Deckungsvorsorge für Haftpflichtschäden aus atomaren Unglücken ergeben würden, nicht ein. Da diese Kosten sehr hoch gewesen wären, hätte das geltende Tarifsystem durch eine Sonderklasse ergänzt werden müssen. Aber auch diese Sonderklasse hätte nicht durch Frachtraten bestimmt werden können; die unterschiedlichen Höhen der Haftpflichtversicherungsprämien für die Deckungsvorsorge hätten es erforderlich gemacht, die Tarife von der Höhe der Prämie abhängig zu machen.

Diese Sonderheiten schienen dem Gesetzgeber nicht vereinbar mit dem deutschen und internationalen Frachtbildungssystem[38]).

---

35) *Mattern-Raisch*, Anm. 5 zu § 35, S. 317.
36) *Fischerhof* I, Anm. 3 zu § 35, S. 480.
37) *Esser*, 2. Aufl., § 204 4, 5, S. 873—875.
38) Reg.Begründung zu § 36 AtomG, S. 38, 39.

Mit der Begründung, der Absender sei an dem Beförderungsgut stärker interessiert als der Beförderer, wurde die Deckungsvorsorge auf den Absender übergewälzt[39]).

b) Dogmatische Begründung

Die dogmatische Einordnung der wirtschaftlichen Kanalisierung ergibt sich also schon aus der Regierungsbegründung: es ist das wiederholt festgestellte Prinzip der Zurechnung des Schadensrisikos an den Nutznießer fremder gefahrbehafteter Tätigkeit.

4. Grenzen der Kanalisierung

a) Deckungslücken

Als praktische besonders bedeutsame Grenze der Kanalisierung ist es anzusehen, daß Dritte, die einen Unfall mit dem Beförderer verursachen, nicht in die wirtschaftliche Kanalisierung einbezogen sind. Haftet der Beförderer lediglich aus § 26 AtomG und trifft ihn kein Verschulden an dem Unfall, so kann dies auch für Geschädigte von Bedeutung werden, vor allem etwa dann, wenn der Dritte ein vermögensloser und nicht haftpflichtversicherter Fußgänger ist.

Nichtnukleare- und Eigenschäden werden nicht gedeckt.

b) Regreß des Versicherers

Ein Rückgriff des Versicherers gegen den Beförderer kann sich aus den allgemeinen Regeln des Versicherungsrechtes ergeben.

III. Versicherbares Risiko

Die Haftung für das nukleare Risiko ist grundsätzlich auf 500 Millionen DM begrenzt, §§ 38 Abs. 1, 36 Abs. 1 Satz 2 AtomG.

Die deutsche Versicherungswirtschaft ist — trotz der Bildung einer Gemeinschaft aller zum Geschäftsbetrieb in Deutschland zugelassener Haftpflichtversicherungsunternehmen in der Deutschen Kernreaktor-Versicherungsgemeinschaft[40]) — nicht in der Lage, ohne Gefährdung anderer Versicherungszweige dieses Risiko zu übernehmen[41]). Auch die Schaffung eines internationalen Pools bot keine Abhilfe[42]). Die wirtschaftliche Kanalisierung durch privatwirtschaftliche Versicherung bschränkt sich also auf das versicherbare Risiko[43]). Das darüberhinausgehende Risiko wird vom Bund bis zur Höchstgrenze von 500 Millionen DM getragen, § 36 Abs. 1 AtomG.

---

[39]) Reg.Begründung zu § 36 AtomG, S. 38, 39.

[40]) *Mattern-Raisch*, Anm. 9 zu Nach § 16, S. 185.

[41]) *Mattern-Raisch*, Anm. 1 zu § 36, S. 319; *Fischerhof* I, Anm. 1 zu § 36, S. 487.

[42]) *Mattern-Raisch*, Anm. 1 zu § 36, S. 319.

[43]) Nach einer Schätzung des Kölner Ordinarius für Versicherungswissenschaft, Prof. Dr. *Braess* kann die deutsche Versicherungswirtschaft Katastrophenschäden bis zu 60 Millionen DM versichern; vgl. *Frey*, Karlsruher Forum 1964, S. 29 (30, 31).

B. Deckungsvorsorge durch Dritte

Die Deckungsvorsorge braucht nicht im Versicherungswege erbracht zu werden. Sie kann auch durch eine Freistellungs- und Gewährleistungsverpflichtung eines Dritten nachgewiesen werden, § 16 Abs. 1 AtomG. Dem Inhaber der Anlage soll damit die Möglichkeit gegeben werden, die Deckungsvorsorge durch eigene Mittel aufzubringen. Der Schutz der Zulieferer und der sonstigen in § 15 Abs. 2 AtomG genannten Personen muß der gleiche sein wie beim Bestehen einer entsprechenden Versicherung, § 16 Abs. 2 AtomG.

C. Freistellungsverpflichtung des Bundes

I. Inhalt

Die Haftung für nukleare Schäden ist nicht auf das versicherbare Risiko beschränkt; der Inhaber sowie die in § 15 Abs. 2 AtomG genannten Personen haften nach außen bis zu 500 Millionen DM, §§ 38 Abs. 1, 36 Abs. 1 Satz 2 AtomG.

Wirtschaftlich trägt jedoch der Bund auf Grund einer Freistellungsverpflichtung das nicht versicherbare Risiko, § 36 Abs. 1 AtomG.

Die Verpflichtung des Bundes beginnt dort, wo keine Deckungsvorsorge durch Versicherung (mehr) besteht[44]).

1. Erfaßter Personenkreis

Der Bund ist lediglich dem Inhaber der Anlage und den in § 15 Abs. 2 AtomG genannten Personen zur Freistellung verpflichtet, § 36 Abs. 1 AtomG.

2. Rechtstechnische Ausgestaltung

Ein Direktanspruch der Geschädigten gegen den Bund besteht nicht[45]). Die Rechtsstellung der Geschädigten ist jedoch dadurch geschützt, daß auf die Freistellungsverpflichtung des Bundes die Vorschriften über die Haftpflichtversicherung, §§ 149 bis 158 a VVG einschließlich der besonderen Vorschriften über die Pflichtversicherung, §§ 158 b bis 158 k VVG, sinngemäß anwendbar sind, § 36 Abs. 3 AtomG.

Die Freistellungsverpflichtung des Bundes gilt für jedes Schadensereignis[46]).

Prämien hat der Inhaber der Anlage für die Freistellungsverpflichtung nicht zu zahlen[47]).

---

[44]) *Kruse*, Anm. 3 zu § 36, S. 99.

[45]) *Mattern-Raisch*, Anm. 10 zu § 36, S. 326; *Fischerhof* I, Anm. 9 zu § 36, S. 492.

[46]) *Mattern-Raisch*, Anm. 16 zu § 36, S. 329; *Fischerhof* I, Anm. 17 zu § 36, S. 496; zur Schadensereignistheorie vgl. BGH 27. VI. 1957, BGHZ Bd. 25, S. 34 (36); *Prölss*, VVG 16. Aufl., Anm. 3 zu § 149, S. 528; an die Ereignistheorie knüpft auch die Police der Deutschen Kernreaktor Versicherungsgemeinschaft an; vgl. *Mattern-Raisch*, Fußnote 45 zu § 36, S. 329.

[47]) *Mattern-Raisch*, Anm. 6 zu § 36, S. 323; *Schindel*, S. 42, 45; *Elsner*, S. 262.

3. *Ausgeschlossene Schäden*

Die Freistellungsverpflichtung bezieht sich nur auf nukleare Schäden, § 36 Abs. 1 AtomG und nicht auf Eigenschäden, § 36 Abs. 2 AtomG.

4. *Rückgriff des Bundes*

Die Ausgestaltung der Freistellungsverpflichtung nach den Vorschriften über die Haftpflichtversicherung einschließlich der Pflichtversicherung führt dazu, daß der Bund sich nicht gegenüber den Geschädigten auf eine etwaige Leistungsfreiheit gegenüber den freistellungsberechtigten Personen berufen kann, § 39 Abs. 3 AtomG.

Der Bund ist aber berechtigt, Rückgriff gegen diese Geschädigten zu nehmen, § 39 Abs. 4 und Abs. 5 AtomG.

II. Ursache der Freistellungsverpflichtung

1. *Entwicklungsförderung der Kernenergie*

a) Privatwirtschaftliche Nutzung

Das wichtigste Ereignis für die Entwicklung der Kernenergie im Jahre 1967 war nach Ansicht des Deutschen Atomforums der Auftrag der Preußischen Elektrizitätswerke AG und der Nordwestdeutschen Kraftwerke AG Hamburger Elektrizitätswerke AG zum Bau von zwei großen Kernkraftwerken bei Stade und Würgassen. Bedeutungsvoll ist dieses Ereignis nicht nur, weil es einen Durchbruch zur vollen wirtschaftlichen Nutzung der Kernenergie darstellt. Als ebenso maßgebend ist anzusehen, daß die geplanten Kernkraftwerke nach rein kommerziellen Gesichtspunkten geschaffen werden sollen[48]).

Damit verwirklicht sich die Vorstellung des Gesetzgebers, die Nutzung der Kernenergie der Privatwirtschaft zu überlassen und keine Staatswirtschaft einzuführen.

b) Unternehmerische Ermutigung der Privatwirtschaft

Wegen des mit der Nutzung der Kernenergie verbundenen atomaren Risikos war zu befürchten, daß die Privatwirtschaft in ihrer Gesamtheit diese Vorstellung nicht übernehmen würde. So bedurfte es einer „unternehmerischen Ermutigung“[49]), damit die Privatwirtschaft Atomanlagen errichten und betreiben würde.

Der Staat nimmt deshalb der Atomindustrie das Risiko ab, welches diese, weil es nicht versicherbar ist, nicht tragen kann. Man hat dieses Risiko auch Katastrophenrisiko genannt und es damit in Gegensatz zu dem versicherbaren Betriebsrisiko gestellt[50]).

c) Subvention

Wenn auch die Förderung, Entwicklung und Nutzung der Kernenergie als der letzte Grund der Freistellungsverpflichtung angesehen werden muß,

---

48) Die Welt v. 12. I. 1968 Nr. 10, S. 15.
49) *Esser*, FAZ v. 10. XI. 1956, S. 5.
50) *Fischerhof* I, Anm. 2 zu § 36, S. 488.

so wirkt sie sich doch zugleich als Förderung der auf diesem Sektor tätigen Industrie aus. Diese Leistung ist zwar nur Mittel zum Zweck, hat aber durchaus auch Eigengewicht; die Mittel-Zweck-Relation der Freistellungsverpflichtung macht sie zu einer Subvention[51]), weil der unmittelbare Erfolg für den Empfänger einen Vermögenszuwachs bedeutet (Abnahme von Risiken), während ihre Funktion für die öffentliche Verwaltung in der Erzielung eines bestimmten Erfolges öffentlichen Interesses liegt[52]).

Die Erzielung dieses Erfolges ist für die Bundesrepublik Deutschland wirtschaftlich notwendig[53]); der Staat konnte die Entwicklung nicht sich selbst überlassen, sondern folgte mit der Subventionierung der Atomindustrie einer eigenen Verpflichtung[54]).

2. *Einstandspflicht für Schäden*

Die Ursache der staatlichen Freistellungsverpflichtung kann jedoch nicht nur in der Subventionierung der Atomindustrie erblickt werden. Die Freistellungsverpflichtung muß in ihrer Beziehung zu den durch ein atomares Großunglück Geschädigten erkannt werden. Mag hier der Staat als eine Art „Superhaftpflichtversicherer"[55]) auftreten, es stellt sich doch die Frage, ob dies nur eine rechtstechnische Konstruktion ist, hinter der sich eine eigene Verpflichtung des Staates auch gegenüber den Geschädigten verbirgt[56]).

a) Aufopferungslage der Geschädigten

Die friedliche Nutzung der Kernenergie schafft eine noch nicht bis ins letzte kontrollierbare Schadensmöglichkeit[57]).

Die Verwirklichung dieser Gefahr kann der Bürger nicht abwehren; auf Grund der staatlichen Erlaubnis zum Betrieb von Kernanlagen ist der Bürger verpflichtet, diese Gefahr zu dulden, § 1004 Abs. 2 BGB.

Aus übergeordneten Gründen des Gemeinwohles ist der Staat zwar gehalten, den Bürger dieser Gefahr auszusetzen, jedoch muß dieser Eingriff von dem Grundsatz der Verhältnismäßigkeit getragen sein; das bedeutet hier: die Verwirklichung der Gefahr so weit als möglich zu verhindern, bei Eintritt eines Schadensereignisses für Ausgleich zu sorgen; ohne strenge Genehmigungsvorschriften, § 7 AtomG, und ohne finanzielle Vorkehrungen im Interesse der Geschädigten hätte der Staat die Errichtung von nuklearen Anlagen nicht zulassen dürfen[58]).

Es liegt nahe, die Freistellungsverpflichtung des Staates als Folge einer bestehenden Aufopferungslage der Bürger anzusehen[59]).

---

51) *Mattern-Raisch*, Anm. 2 zu § 36, S. 320.
52) *Ipsen*, S. 7; *Stern*, JZ 1960, S. 521; *Wolff* III, § 154 I a 1, S. 215; *Krüger*, 2. Aufl., S. 599, 602.
53) *Weizsäcker*, S. 132; *Giesecke*, S. 18, 26, 27.
54) Dazu *Krüger*, 2. Aufl., S. 566.
55) *Scheidwimmer*, VersR 1962, S. 677 (681).
56) *Belser*, Atomversicherungsrechtliche Fragen, S. 75—78.
57) *Mattern-Raisch*, Anm. 3 zu § 36, S. 321.
58) *Fischerhof* I, Anm. 1 zu § 36, S. 487; *Esser*, FAZ v. 5. XI. 1956, S. 5.
59) *Esser*, FAZ v. 5. XI. 1956, S. 5; *Mattern-Raisch*, Anm. 2 zu § 36, S. 321.

Ein Aufopferungsanspruch im rechtstechnischen Sinne ist jedoch nicht gegeben[60]). Die Voraussetzungen des Aufopferungsanspruches bestehen in einem unmittelbaren hoheitlichen Eingriff in ein Recht, der dem Betroffenen ein besonderes Opfer auferlegt[61]).

Der hoheitliche Eingriff des Staates kann hier nur in der Versagung des Abwehranspruches erblickt werden, weil die Genehmigung zum Betrieb einer Kernanlage nicht auf die Herbeiführung eines Schadens zielt.

Die Versagung des Abwehranspruches ist aber kein besonderes Opfer[62]): alle Bürger der Bundesrepublik werden gleichermaßen davon betroffen, sofern sich in ihrem Gebiet eine Kernanlage befindet. Es handelt sich auch nicht um ein besonders schweren Eingriff in die Rechtsstellung der Bürger[63]); der Betrieb von Atomanlagen gehört zu den sozialen Risiken, die der Bürger in einer entwickelten Industriegesellschaft zu tragen hat; das Risiko von Katastrophenschäden ist nach den bisherigen Erfahrungen geringfügig[64]).

b) Öffentlich-rechtliche Gefährdungshaftung

Immerhin hat der Staat mit der Zulassung atomarer Anlagen eine erhöhte Gefahrenlage entstehen lassen; im Bereich der Katastrophenschäden gäbe es für den Einzelnen keinen Schutz. Der Staat als Träger des Gemeinwohles, das die Nutzung der Kernenergie erfordert, steht der Schadensursache näher als das Opfer; deshalb ist es gerecht, wenn das Opfer aus staatlichen Mitteln entschädigt wird.

Die Freistellungsverpflichtung des Staates ist deshalb dogmatisch als Folge öffentlich-rechtlicher Gefährdungshaftung anzusehen. Forsthoff hat das Bestehen einer solchen Haftung zutreffend angenommen und begründet[65]).

Der Staat handelt also im Rahmen der Freistellungsverpflichtung nicht als „Superhaftpflichtversicherer", sondern in eigener Verpflichtung gegenüber dem Geschädigten. Die rechtstechnische Gestaltung, die dem Geschädigten keinen Direktanspruch gibt, ändert daran nichts. Allein aus praktischen Gründen — z. B. Geltendmachung des Anspruchs nur gegen eine Person[66]) — ist die Form der Freistellungsverpflichtung im Gegensatz zu dem Direktanspruch gewählt worden.

III. Wirtschaftliche Kanalisierung

Die vorhergehenden Ausführungen haben gezeigt, daß der Staat bei Katastrophenschäden Schuldner ist; die Ursache der wirtschaftlichen Kanalisie-

---

60) *Fischerhof* I, Anm. 3 zu § 36, S. 488; *Elsner*, S. 227; a. A. wohl *Giesecke*, S. 27, 28.
61) *Wolff* I, 7. Aufl., § 61 II, S. 420; BGH 11. III. 1968, JZ 1968, S. 463 (464).
62) Der BGH (10. VI. 1952, BGHZ Bd. 6, S. 270) sieht die Enteignung durch das dem Einzelnen auferlegte Sonderopfer gekennzeichnet.
63) An der Schwere des Eingriffes mißt das BVerwG die Enteignung, 27. VI. 1957 BVerwG Bd. 5, S. 143 (145); 22. VI. 1962 NJW 1962, S. 2171.
64) *Schulz*, S. 384, 385 Tab. 34.
65) *Forsthoff*, 9. Aufl., § 18, S. 332—337.
66) *Weitnauer*, Atomhaftungsrecht, S. 144.

rung auf den Staat ist dabei auch hier in der Zurechnung einer fremden gefahrbehafteten Tätigkeit an den Nutznießer des Schadensrisikos zu erblicken. Wie mehrfach betont, hat die Bundesrepublik Deutschland ein lebensnotwendiges Interesse an der Nutzung der Kernenergie.

IV. Zeitliche Befristung

Die Freistellungsverpflichtung des Bundes ist zunächst begrenzt auf Betriebe, die die erforderliche Genehmigung bis zum 31. Dezember 1970 erhalten haben. Der Gesetzgeber nahm an, daß bis zu dieser Zeit möglicherweise das gesamte Atomrisiko versicherbar ist. Das läßt sich bei der augenblicklichen Leistungsfähigkeit der Versicherungsunternehmen nur denken, wenn die Haftungshöchstgrenze herabgesetzt wird.

Großschäden hätte der Bund dann direkt aus öffentlich-rechtlicher Gefährdungshaftung zu tragen.

D. Zusammenfassung

Die Untersuchung hat ergeben, daß die wirtschaftliche Kanalisierung im deutschen Atomrecht auf dem Prinzip der Zurechnung einer fremden gefahrbehafteten Tätigkeit an den Nutznießer des Schadensrisikos beruht.

2. Kapitel: RECHTSVERGLEICHUNG

1. Abschnitt: Recht der Vereinigten Staaten von Amerika

A. Vorbemerkung

I. Zur Geschichte des amerikanischen Atomrechtes

Die Vereinigten Staaten von Amerika sind das erste Land gewesen, das sich mit der rechtlichen Regelung der atomaren Energie zu befassen hatte, da es bis zum Jahre 1949 ein Monopol auf dem Gebiete der Kernspaltung besaß.

1. Monopolstellung des Staates

Der Atomic Energy Act 1946[1]) sicherte dem Staate das absolute Monopol auf dem Gebiete der Kernspaltung; das Gesetz untersagte nahezu die gesamte private Tätigkeit in diesem Bereich; dies war eine Folge des Atomwaffenmonopols der Vereinigten Staaten.

Von der bis dahin zuständigen Militärbehörde wurde die Nutzung atomarer Energie im Jahre 1947 auf die neu eingerichtete Atomic Energy Commission (AEC)[2]) übertragen. Die AEC übernahm auch die mit der Privatindustrie schon bestehenden Verträge.

---

[1]) The Atomic Energy Act of 1946 (Public Law 585, 79th Cong. 60 Stat. 755—75, 42 USC 1801—1819) abgedruckt bei *Marks*, S. 737–757.

[2]) Zur Institution der AEC vgl. *Körber*, S. 8—58.

Die Privatindustrie, die wegen des staatlichen Monopols der Nutzung atomarer Energie reine Zuliefertätigkeit ausübte, hatte diese Verträge nur unter der Bedingung abgeschlossen, von Schadensersatzverpflichtungen aus atomarem Risiko freigestellt zu werden[3]).

Nachfolgend stellte die AEC auch neue Zulieferer von der Haftung frei[4]). Auf Grund Vertrages wurde die Haftung also wirtschaftlich auf den Inhaber der Anlage kanalisiert.

Diese Praxis, die die AEC bis zum Jahre 1957 beibehielt, bot den Zulieferern allerdings keinen umfassenden Schutz. Nicht nur mußte der Zulieferer in gewissem Umfange für das Verhalten seiner Repräsentanten einstehen, nicht nur waren vorsätzliche und grobfahrlässige Schäden von der Kanalisierung ausgeschlossen, sondern darüber hinaus haftete die AEC grundsätzlich nur nach Maßgabe der vom Kongreß für die Haftung bereitgestellten Mittel. Besonders mißlich war schließlich, daß sich — bei fortschreitender Entwicklung der Produktenhaftung — die Freistellungsvereinbarung stets nur auf die Vertragspartner der AEC bezog, nicht aber auf deren Zulieferer[5]).

2. Eintritt der Privatindustrie

Als die Vereinigten Staaten im Jahre 1949 ihr Atommonopol verloren, drängte die Privatindustrie auf Mitwirkung an der Nutzung atomarer Energie.

Der Erfolg war jedoch zunächst unzulänglich. Zwar wurde im Jahre 1954 ein neues Gesetz, der Atomic Energy Act 1954[6]) erlassen. Die Privatindustrie wurde aber an der Entwicklung und Nutzung der Atomenergie nur auf der Grundlage besonderer Verträge mit der AEC als eine Art von Sub-Unternehmer beteiligt. Im Außenverhältnis oblag die gesamte Verantwortung für Schäden der AEC, die allerdings nur aus Verschulden haftete[7]). Die Privatunternehmer erhielten Lizenzen für den Besitz und die Nutzung von Kernbrennstoffen aber nur, wenn sie die Vereinigten Staaten wie auch die AEC von sämtlichen Schadensersatzansprüchen freistellten, Sec. 51 e (8) des Gesetzes[8]).

Diese Vorschrift, die eine weitreichende Haftung begründete, hielt die Privatindustrie davon ab, die Kernenergie zu nutzen[9]).

Diese Entwicklung war für die Vereinigten Staaten als Industriestaat nicht tragbar[10]). Die Regierung sah es deshalb als ihre Aufgabe an, einerseits die Bedingungen für die Industrie zu erleichtern, andererseits einen wirksamen Schutz für die Öffentlichkeit zu schaffen[11]).

---

3) *Fischerhof*, AcP 168, S. 108 (112) (Buchbesprechung).
4) *Hennessey*, S. 252; *Fischerhof*, VersR 1966, S. 601.
5) *Hennessey*, S. 252 (253, 254).
6) The Atomic Energy Act of 1954 (Public Law 703, 83 rd. Congress, 68 Stat. 919), abgedruckt bei *Marks*, S. 684—757.
7) *Haunschild*, VW 1957, S. 610.
8) *Schindel*, S. 151.
9) Feststellung des Atomenergieausschusses des Kongresses; vgl. *Lowenstein*, S. 237; *Haunschild*, VW 1957, S. 610; *Schindel*, S. 152.
10) *Lowenstein*, S. 237.
11) *Lowenstein*, S. 237, 238.

Diese Bestrebungen mündeten in dem — nach den Gesetzesschöpfern benannten — Anderson-Price Act[12]), der eine Ergänzung zum Atomic Energy Act 1954 ist

II. Haftungsprinzipien

Der Anderson-Price Act wird im allgemeinen als Haftungsgesetz bezeichnet; er verdient diesen Namen jedoch nur teilweise, da er keine Bestimmungen über den Grund der Haftung trifft[13]). So richtet sich die Haftung nach den allgemeinen Regeln[14]) des Law of Torts. Das bedeutet zunächst Verschuldenshaftung; nach ganz überwiegender Meinung findet aber für den Betrieb von Reaktoren und Atomanlagen auch das Prinzip der „strict liability“ (Gefährdungshaftung) Anwendung[15]). Diese letztgenannte Haftung trifft nur den „operator“ (Inhaber der Anlage), nicht die „supplier“ (Zulieferer)[16]) und die Besitzer radioaktiver Stoffe, die Isotopenverwender[17]).

III. Haftungsbegrenzung

Da auch die amerikanische Versicherungswirtschaft die für den denkbar schlimmsten atomaren Unfall vorausgesagten Schäden nicht decken kann[18]), war eine staatliche Beteiligung notwendig. Gesetz ist die der deutschen Regelung vorbildlich gewordene[19]) Vorschrift des Sec. 170 des Gesetzes. Der licensee haftet Dritten für jedes nukleare Ereignis bis zur Höhe des versicherbaren Risikos plus 500 Millionen Dollar, in welcher Höhe eine staatliche Freistellungsverpflichtung besteht[20]).

B. Wirtschaftliche Kanalisierung

Die Haftung anderer Personen wird nicht ausgeschlossen; sie haften aber ebenfalls nur in begrenzter Höhe, Sec. 170 e des Gesetzes. Die Haftung ist jedoch — wiederum beispielhaft für das deutsche Recht — wirtschaftlich kanalisiert.

I. Versicherung

Jede Genehmigung zum Betrieb einer atomaren Anlage kann — und wird in der Regel — unter der Bedingung erteilt, daß der licensee eine Deckungsvorsorge (financial protection) trifft und aufrechterhält, Sec. 170 a des Gesetzes[21]). Die Höhe der Deckungsvorsorge muß dem Betrag entsprechen, der

---

12) US Public Law 85—256 (71 Stat. 576), abgedruckt bei *Weinstein*, S. 377—380.

13) *Stason-Estep-Pierce*, S. 90, 574, 575; *Schindel*, S. 126; *Mattern-Raisch*, Anm. 9 zu Vorbem. vor § 25, S. 223; a. A. *Haunschild*, VW 1957, S. 610 (612).

14) s. oben, S. 15, 16.

15) *Murphy*, S. 58 (61); *Stason-Estep-Pierce* treten für eine differenzierende Behandlung ein, vgl. S. 723, 724.

16) *Murphy*, S. 61, 78 Note 16.

17) *Stason-Estep-Pierce*, S. 724.

18) *Stason-Estep-Pierce*, S. 573; *Lowenstein*, S. 237 (239).

19) *Mattern-Raisch*, Anm. 10 zu Vorbem. vor § 25, S. 224; *Schindel*, S. 177.

20) *Stason-Estep-Pierce*, S. 573; *Hennessey*, S. 252 (255).

21) *Löwenstein*, S. 237 (240).

versicherbar ist, Sec. 170 a des Gesetzes[22]). Die Deckungsvorsorge braucht aber nicht durch den Abschluß einer Versicherung erbracht werden; sie kann auch durch private Freistellungsverpflichtung oder einen anderen Nachweis eines Haftungsvermögens geleistet werden, Sec. 170 b S. 2 des Gesetzes. Da aber auch in Amerika der Abschluß einer Versicherung die Regel sein wird[23]), soll dieser Fall der Deckungsvorsorge gleichsam beispielhaft behandelt werden.

1. Erfaßter Personenkreis

Die Deckungsvorsorge durch Versicherung erstreckt sich ohne Rücksicht auf Vorsatz oder grobe Fahrlässigkeit[24]) auf die freizustellenden Personen (person indemnified)[25]). Nach der Legaldefinition des Sec. 11 r des Gesetzes sind dazu zu zählen: alle Personen, die im Zusammenhang mit dem Entwurf, der Entwicklung, dem Bau, dem Betrieb, der Instandsetzung von atomaren Anlagen tätig werden; insoweit deckt sich der Personenkreis etwa mit dem des § 15 Abs. 2 AtomG. Darüber hinaus muß die Versicherung nach amerikanischem Recht jede andere Person, die aus einem atomaren Ereignis haftbar werden kann, einschließen. Die wirtschaftliche Kanalisierung erfaßt also auch den Industriespion oder das abstürzende Flugzeug, das ein atomares Unglück auslöst[26]).

2. Ursache der Kanalisierung

Diese — für amerikanische Verhältnisse ungewöhnliche[27]) — Regelung beruht in erster Linie auf den Forderungen der Versicherung, die damit eine Pyramidisierung von Versicherungen für das gleiche Schadensereignis vermeiden wollten[28]).

Damit kann jedoch nicht erklärt werden, warum sich die Versicherung auch auf unbeteiligte Dritte erstreckt; dies ist nur mit dem Schutz der Allgemeinheit zu rechtfertigen, welchen der Kongress als seine spezielle Aufgabe ansah[29]).

II. Staatliche Freistellungsverpflichtung

1. Inhalt der Verpflichtung

Neben dem Nachweis der Deckungsvorsorge ist die Erteilung einer Genehmigung davon abhängig, daß der Antragsteller eine Freistellungsvereinbarung mit der AEC trifft, Sec. 170 a S. 2 des Gesetzes. Die AEC ist verpflichtet, den licensee sowie die person indemnified im Rahmen ihres

---

22) Das versicherbare Risiko betrug 1957 60 Millionen Dollar, vgl. *Lowenstein*, S. 237 (243).
23) *Hennessey*, S. 252 (266); Haunschild, VW 1957, S. 610 (612).
24) *Fischerhof*, VersR 1966, S. 601 (602).
25) *Stason-Estep-Pierce*, S. 584.
26) *Stason-Estep-Pierce*, S. 584.
27) *Stason-Estep-Pierce*, S. 584.
28) *Stason-Estep-Pierce*, S. 584.
29) *Stason-Estep-Pierce*, S. 584.

rechtlichen Interesse von Haftpflichtansprüchen aus einem nuklearen Ereignis freizustellen[30]), soweit die Ansprüche die Deckungsvorsorge überschreiten, jedoch nicht über 500 Millionen Dollar hinaus, Sec. 170 c S. 1 und 2 des Gesetzes.

Der Abschluß der Freistellungsverpflichtung ist gebührenpflichtig, Sec. 170 f S. 1 des Gesetzes.

Die staatliche Freistellungsverpflichtung geht über die vor Erlaß des Gesetzes vereinbarten Freistellungen[31]) hinaus; sie erfaßt nicht nur jede Art von Fahrlässigkeit auch der Gehilfen und Angestellten; zum Schutz der Bevölkerung werden auch vorsätzlich herbeigeführte Schäden mit einbegriffen, von welcher Person sie auch immer herrühren mögen[32]).

2. *Ursachen der Kanalisierung*

Der Grund der staatlichen Freistellungsverpflichtung besteht darin, daß man der privaten Atomindustrie einen Anreiz geben wollte, sich zu entwickeln[33]). Wenn auch die Freistellungsverpflichtung an ein Entgelt gekoppelt ist, so wird dieses doch nicht als eine Art Versicherungsprämie, sondern als Verwaltungsgebühr begriffen[34]). Die Gebühr nach Versicherungsprämien auszurichten war schon in den Vorbereitungen zum Gesetz abgelehnt worden[35]).

Soweit ersichtlich, ist die Rechtsnatur der Freistellungsverpflichtung noch nicht erörtert worden; die Tatsache, daß es sich bei der Gebühr um eine Bearbeitungsgebühr handelt[36]), legt es nahe anzunehmen, daß der Staat aus eigener Verpflichtung das wirtschaftliche Risiko für Katastrophenschäden übernimmt.

C. Reformentwurf

Die geschilderte Regelung galt zunächst nur für Genehmigungen, die bis zum 1. August 1967 erteilt worden sind, Sec. 170 c. Dies war geschehen, weil man hoffte, daß das volle Atomrisiko bis zu diesem Zeitpunkt versicherbar sein würde[37]). Diese Erwartungen haben sich bisher nicht erfüllt.

Der Anderson-Price Act wird in Amerika als eine effective und gelungene Regelung bewertet[38]). Dennoch sind schon bald nach Erlaß des Gesetzes Bestrebungen wach geworden, die Haftung für atomare Schäden im Hinblick auf die Zulieferer neu zu regeln[39]).

---

30) *Stason-Estep-Pierce*, S. 583.
31) s. oben, S. 84—85.
32) *Hennessey*, S. 252 (256).
33) *Stason-Estep-Pierce*, S. 583.
34) *Haunschild*, VW 1957, S. 610 (614).
35) *Haunschild*, VW 1957, S. 610 (611, 612).
36) *Haunschild*, VW 1957, S. 610 (614).
37) *Lowenstein*, S. 237 (240).
38) *Lowenstein*, S. 237 (240); s. auch *Stason-Estep-Pierce*, S. 780.
39) Vgl. auch *Stason-Estep-Pierce*, S. 779, 780.

In einem Report der Harvard Law School und des Atomic Industrial Forum[40]) wurde 1959 die Forderung erhoben, die Zulieferer gesetzlich aus der Haftung zu entlassen und damit die Haftung rechtlich auf den Inhaber der Anlage zu kanalisieren.

Diese in das amerikanische Haftungsrecht tief eingreifende Regelung[41]) wurde damit gerechtfertigt, daß das „Channelling All Third Party Tort Suits to Operators" eine sehr einfache und klare Regelung sei, die auf internationaler Ebene wirksam werden könne; alle Klagen gegen Lieferer würden entfallen. Für die vorgeschlagene Regelung wurde weiter vorgeschlagen, daß sie einer neuen sozialen und wirtschaftlichen Wirklichkeit angemessen sei. Dieser Vorschlag ist bisher jedoch nicht Gesetz geworden, obwohl die Einführung der rechtlichen Kanalisierung auch später — aus Gründen der internationalen Rechtsangleichung[42]) — befürwortet worden ist.

2. Abschnitt: Österreichisches Recht

A. Vorbemerkung

Das österreichische Atomhaftpflichtgesetz[43]) statuiert für den Betriebsunternehmer der Kernanlage eine Gefährdungshaftung, § 3 Abs. 1 des Gesetzes. Ausgenommen von dieser Haftpflicht sind Schäden an der Kernanlage sowie an Sachen, die sich in ihrem Bereich befinden und im Zusammenhang mit ihr verwendet worden sind oder verwendet werden sollen (Eigenschäden).

Ist ein nukleares Ereignis im Verlauf einer Beförderung eingetreten, so trifft den Betriebsunternehmer der Anlage, von der die Kernmaterialien zur Zeit des Ereignisses unmittelbar herstammen, ebenfalls eine Haftpflicht ohne Verschulden, § 4 Abs. 1 des Gesetzes; in Ausnahmefällen haftet auch der Beförderer ohne Verschulden, § 4 Abs. 3 des Gesetzes.

Die Haftung ist der Höhe nach begrenzt; im Falle der Tötung oder Verletzung mehrerer Menschen und Beschädigung von Sachen durch dasselbe nukleare Ereignis auf 500 Millionen Schilling, §§ 15, 35 Abs. 1 Satz 2 des Gesetzes.

Vorbehaltlich der Haftung der Zulieferer[44]) bleiben daneben die Haftungsvorschriften des Allgemeinen Bürgerlichen Gesetzbuches und anderer Gesetze unberührt[45]). Jedoch haften andere Personen nur für Vorsatz und grobe Fahrlässigkeit, § 35 Abs. 1 Satz 1 des Gesetzes, allerdings auch stets für Vorsatz und grobe Fahrlässigkeit ihrer Besorgungs- und Erfüllungsgehilfen, § 35 Abs. 3 des Gesetzes[46]).

---

40) International Problems of Financial Protection against Nuclear Risk, New York 1959, S. 56 ff., zit. nach *Fischerhof*, VersR 1966, S. 601 (602 Fußnote 13).
41) s. oben, S. 16—18.
42) *Cavers*, Harvard Law Review 1964, S. 644 (679, 682).
43) Bundesgesetz vom 29. IV. 1964 über die Haftung für nukleare Schäden, BGBl. Nr. 117.
44) s. unten, S. 91.
45) s. oben, S. 20—22.
46) s. oben, S. 36—37.

Die Haftungsbeschränkung auf Vorsatz und grobe Fahrlässigkeit rührt aus der Befürchtung, daß das hohe Risiko andernfalls von der Mitwirkung an atomaren Anlagen abhalten würde[47]).

Die Haftung anderer Personen in noch weiterem Maße auszuschließen, wurde nicht für zweckmäßig erachtet; zum einen wollte man die Stellung der Geschädigten nicht verschlechtern, zum zweiten sollten die anderen Personen zu möglichst großer Sorgfalt angehalten werden[48]). Auch diese Verschuldenshaftung ist jedoch auf 500 Millionen Schilling begrenzt worden, weil eine höhere Summe von Privatpersonen ohnehin nicht beizutreiben wäre.

B. Wirtschaftliche Kanalisierung

I. Rückgriffsbeschränkung

Mehrere Ersatzpflichtige haften dem Geschädigten zur gesamten Hand, § 55 Abs. 2 des Gesetzes. Dem aus § 3 oder § 4 des Gesetzes Haftpflichtigen steht ein Rückgriffsrecht im Innenverhältnis jedoch nur dann zu, wenn der Schaden von einem Mittäter vorsätzlich verursacht worden ist, oder wenn eine vertragliche Vereinbarung besteht, § 39 Ziff. 1 und 2 des Gesetzes. Da sich der Geschädigte in der Regel zunächst an den Betriebsunternehmer halten wird, hat dieser grundsätzlich den Schaden allein zu tragen; die Haftung ist insoweit wirtschaftlich auf ihn kanalisiert.

II. Freistellungsverpflichtung des Bundes

1. Sicherstellungspflicht des Haftpflichtigen

Nach § 35 Abs. 1 Satz 2 des Gesetzes haften die nach §§ 3 und 4 des Gesetzes haftpflichtigen Personen bis zur Grenze von 500 Millionen Schilling. Zur Deckung dieser Haftpflicht haben sie eine geeignete Sicherstellung zu erbringen. Diese muß jedoch nicht den gesamten Haftungsbetrag decken, sondern ist beschränkt auf 130 Millionen Schilling, § 17 Abs. 1 und 2 des Gesetzes. Diese Sicherstellung wird der Verpflichtete in der Regel durch den Abschluß einer Haftpflichtversicherung nachweisen, § 17 Abs. 3 des Gesetzes[49]).

2. Schadloshaltung durch Bund

Soweit der Schaden durch die Sicherstellung nicht gedeckt bzw. eine solche gar nicht vorhanden ist, hat der Bund den Haftpflichtigen freizustellen, § 21 Abs. 1 Satz 1 des Gesetzes. Zwar erwächst dem Ersatzberechtigten aus der Verpflichtung des Bundes kein unmittelbares Recht, jedoch kann er in der Zwangsvollstreckung auf den Schadloshaltungsanspruch des Haftpflichtigen zugreifen, § 21 Abs. 1 Satz 2 des Gesetzes.

Der Bund hat ein Rückgriffsanspruch gegen den Haftpflichtigen, wenn der Schaden vorsätzlich oder grob fahrlässig herbeigeführt worden ist, § 21

---

[47]) Vgl. *Edlbacher*, ÖJZ 1967, S. 477 (478); *Fischerhof*, VersR 1966, S. 601 (604).
[48]) *Moser*, Erl. 1 zu § 35, S. 61, 62.
[49]) *Moser*, Erl. 1 zu § 17, S. 42.

Abs. 2 Ziff. 1 des Gesetzes. Dies entspricht dem Grundsatz, daß für solche Schäden persönlich gehaftet wird. Darüber hinaus ist der Bund zum Rückgriff berechtigt, wenn er für einen Schaden aufzukommen hat, der durch eine Sicherstellung gedeckt sein müßte, § 21 Abs. 2 Ziff. 2 des Gesetzes. Damit soll gewährleistet werden, daß der Bund wirtschaftlich nur die über 130 Millionen Schilling hinausgehenden Schäden zu tragen hat.

Die Schadloshaltung des Bundes erfüllt zwei Aufgaben: die Förderung der Atomwirtschaft und Sicherstellung der Entschädigung der Opfer[50]).

Soweit die Haftungssumme 130 Millionen Schilling übersteigt, ist die Haftung wirtschaftlich auf den Bund kanalisiert, es sei denn, der Schaden ist vorsätzlich oder grob fahrlässig herbeigeführt worden.

C. Rechtliche Kanalisierung

I. Erfaßter Personenkreis

Von der allgemeinen Regelung ausgenommen ist eine Gruppe von Personen, die in ihrer Gesamtheit als Zulieferer bezeichnet werden kann.

Wer eine Kernanlage, einen ihrer Teile, Kernmaterialien oder verschmelzbare Kernbrennstoffe geliefert, für die Herstellung, die Errichtung oder Änderung einer Kernanlage oder eines ihrer Teile, Sach-Werkvertrags- oder Arbeitsleistungen erbracht oder an deren Planung mitgewirkt hat, haftet, wenn seine Haftpflicht nach sonstigen gesetzlichen Vorschriften begründet wäre, dem Ersatzberechtigten nicht; das gilt auch für Beförderer von Kernmaterialien, sowie für denjenigen, der Sach-Werkvertrags- oder Arbeitsleistungen für die Beförderung von Kernmaterialien erbracht hat, sofern es sich nicht um die Beförderung selbst einschließlich der Aufbewahrung handelt, § 37 Abs. 1 und 2 des Gesetzes.

Insgesamt nicht in diese Gruppe einbegriffen sind die Dienstnehmer, die beim Betrieb der Anlage tätig sind, weil für diese eine wirtschaftliche Notwendigkeit auf Grund der bestehenden Gesetze nicht bestand[51]).

II. Ursache der Kanalisierung

1. Wirtschaftliche Notwendigkeit

Die mit den allgemeinen Haftpflichtbestimmungen Österreichs nicht harmonierende rechtliche Kanalisierung wird mit den augenblicklichen wirtschaftlichen Gegebenheiten gerechtfertigt; man weist darauf hin, daß die Kernanlage größtenteils von ausländischen Unternehmern gebaut und auch die Kernbrennstoffe aus dem Ausland geliefert würden; deshalb habe man sich auf die von den ausländischen Lieferern gestellte Bedingung, deren unmittelbare Haftung gegenüber Dritten auszuschließen, einlassen müssen[52]).

---

50) *Moser*, Erl. 1 zu § 21, S. 46, 47.
51) *Moser*, Erl. 1 zu § 37, S. 65.
52) *Moser*, Erl. 1 zu § 37, S. 65.

2. *Rechtliche Vereinbarkeit*

Die rechtliche Kanalisierung für Zulieferer könne für das österreichische Recht in Kauf genommen werden, weil der von den Lieferern Dritten zugefügte Schaden stets ein mittelbarer sei, für den grundsätzlich nicht gehaftet werde. Die Rechtsstellung der Geschädigten würde in der Praxis auch deshalb nicht beeinträchtigt, weil der notwendige Nachweis des Verschuldens eines Lieferers in der Regel nicht erbracht werden könne. Schließlich sei es den Lieferern unzumutbar, für ihre anderenfalls bestehende Haftpflicht Vorsorge zu treffen. Aus diesen Gründen sei es rechtlich möglich, daß deren Risiko auf den Inhaber der Anlage kanalisiert werde[53]).

Das habe zugleich den Vorteil, daß damit kostspielige Prozesse mit den Lieferern vermieden werden würden[54]).

III. Rückgriff

Bei vorsätzlicher Schädigung steht der Rückgriff gegen die Lieferer offen, §§ 21 Abs. 2 Ziff. 4, 38 Ziff. 1 des Gesetzes. Das entspricht wiederum den von den ausländischen Zulieferern gestellten Bedingungen[55]). Außerdem kann aber der Inhaber der Anlage ein vertragliches Rückgriffsrecht vereinbaren, was möglicherweise im Inland durchgesetzt werden kann.

3. Abschnitt: Englisches Recht

A. Vorbemerkung

Großbritannien ist eines der Länder, in denen die friedliche Nutzung der Atomenergie am weitesten fortgeschritten ist[56]). Der erste Arbeitsreaktor in der Welt — nach einer Vielzahl von Forschungsreaktoren — wurde 1956 in Großbritannien in Betrieb genommen[57]). Die Förderung und Kontrolle der Entwicklung der Atomenergie wurde schon 1946 in dem Atomic Energy Act 1946[58]) gesetzlich geregelt.

I. Haftung der Betreiber

Die allgemeine Haftung für Atomschäden ist nunmehr geregelt in dem Nuclear Installations Act, 1965[59]).

Die Errichtung oder der Betrieb einer Atomanlage ist von einer Genehmigung abhängig, Sec. 1, 1 des Gesetzes. Der Inhaber der Genehmigung haftet

[53]) *Moser*, Erl. 1, 2 zu § 37, S. 65, 66.
[45]) *Moser*, Erl. 2 zu § 37, S. 66.
[55]) *Moser*, Erl. 1 zu § 37, S. 65.
[56]) *Schindel*, S. 93.
[57]) Nach einer amerikanischen Aufstellung besaß Großbritannien im Jahre 1962 nahezu $^1/_3$ aller Kernreaktoren in Europa, nämlich 47 von 143; vgl. *Schulz*, S. 1, 2.
[58]) The Atomic Energy Act 1946, 9 & 10 Geo Ch. 80 Enacted 6. XI. 1946.
[59]) The Nuclear Installations Act 1965 (1965 c. 57), *Halsbury's* Statutes of England, Second Edition Volume 45, 1965, S. 1718.

ohne Verschulden[60]) für Personen und Sachschäden aus nuklearen Ereignissen und ionisierenden Strahlungen, Sec. 7, 1 des Gesetzes.

Diese Haftung ist auf fünf Millionen Pfund begrenzt, Sec. 16, 1 des Gesetzes; in dieser Höhe hat der Inhaber der Genehmigung eine Deckungsvorsorge zu treffen, Sec. 19, 1 des Gesetzes.

Eine Gefährdungshaftung ist ebenfalls den staatlichen Institutionen auferlegt, die die Kernenergie verwerten. Dazu zählt die Atomic Energy Authority, Sec. 8 des Gesetzes, die die industrielle Nutzung von Kernenergie in Großbritannien fast ausschließlich betreibt[61]).

Auch diese Haftung ist auf 5 Millionen Pfund beschränkt, Sec 16, 1 des Gesetzes.

II. Staatshaftung

Wird der Schaden nicht von den haftenden Personen ausgeglichen, so haftet der Staat bis zur Höhe von 43 Millionen Pfund, Sec. 18, 1 des Gesetzes. Es besteht ein direkter Anspruch gegen den Staat; der Staat ist nicht nur im Innenverhältnis zu den Betreibern zum Ersatz des Schadens verpflichtet.

B. Rechtliche Kanalisierung

I. Erfaßter Personenkreis

Die Haftung aller anderen Personen wird grundsätzlich ausgeschlossen, Sec. 12, 1 b des Gesetzes; der Haftungsausschuß erfaßt also nicht nur solche Personen, die in mittelbarer oder unmittelbarer vertraglicher Beziehung zu dem Betreiber stehen, sondern auch jeden Dritten. Eigenschäden sind in die rechtliche Kanalisierung inbegriffen[62]).

II. Ausnahmen

Die wichtigste Ausnahme zu diesem Prinzip der rechtlichen Kanalisierung besteht darin, daß gewisse internationale Beförderungsübereinkommen unberührt bleiben (z. B. Carriage of Goods by Sea Act, 1924, Carriage by Air Act, 1932). Diese Ausnahmen sind gemacht worden, um die Brüsseler Konvention von 1924 sowie die Warschauer Konvention von 1929 nicht zu durchbrechen[63]).

Zu weiteren Ausnahmen vgl. Sec. 12, 3 und 4 des Gesetzes.

III. Ursache der Kanalisierung

Soweit ersichtlich, wird in Großbritannien eine rechtliche Begründung für die getroffene Regelung nicht gegeben[64]). Man weist vielmehr auf die praktischen Vorteile der rechtlichen Kanalisierung hin[65]); sie vermeide die Häu-

---

60) Das folgt aus dem Wortlaut des Gesetzes „It shall be the duty of the licensee to secure ...“; vgl. *Trevor* and *Evans*, S. 289 (294); *Schindel*, S. 99, 101.

61) Atomic Energy Act 1954 2 & 3 Eliz. Ch. 32 Enacted 4. June 1954; *Körber*, S. 63—83.

62) *Trevor* and *Evans*, S. 289 (295).

63) *Trevor* and *Evans*, S. 289 (295).

64) *Fischerhof*, VersR 1966, S. 601 (602).

65) *Trevor* and *Evans*, S. 289 (295).

fung von Klagen und Widerklagen; sie setze die Versicherer instand durch Bildung von Poolen die beste Deckung für den Inhaber der Genehmigung zu gewährleisten.

IV. Rückgriff

1. Staatliche Betreiber

Der Atomic Energy Authority sowie den Government Departements[66]) wurde das Recht zugestanden, gegen solche Vertragspartner Rückgriff zunehmen, auf Grund deren „negligence"[67]) Dritte Schäden erlitten und Ansprüche geltend gemacht hatten. Diese Regelung erfolgte, weil die staatlichen Betreiber den Schadensersatz aus Steuergeldern begleichen[68]).

2. Private Betreiber

Privaten Unternehmen wurde dieses Recht hingegen nicht zugestanden; man wollte verhüten, daß die Versicherer Prozesse anstrengten, deren Vermeidung eines der Ziele der rechtlichen Kanalisierung ist.

4. Abschnitt: Französisches Recht

A. Vorbemerkung

I. Haftung der Unternehmer

Das französische Atomhaftungsgesetz wurde im Jahre 1965 erlassen[69]).

Der Betreiber einer atomaren Anlage ist für jeden Schaden verantwortlich, der durch einen nuklearen Unfall in seiner Anlage oder während eines Transportes auf seine Rechnung entstanden ist, Art. 2, 1 a des Gesetzes. Nur für gewisse ganz außergewöhnliche Schäden haftet der Unternehmer nicht, Art. 5 des Gesetzes.

Die Haftung ist eine Gefährdungshaftung, wie sie für atomare Schäden auch schon vor Erlaß des Gesetzes gefordert worden war[70]).

Diese Haftung ist auf 50 Millionen Franc für einen Unfall begrenzt, Art. 7, 1. Halbsatz des Gesetzes.

Die Haftung des Betreibers nach anderen Gesetzen wird nicht ausgeschlossen, jedoch ist auch sie der Höhe nach auf die genannte Summe begrenzt; so bleiben namentlich die Sozialversicherungsgesetze und das Gesetz über die

---

66) Die neben der Atomic Energy Authority als staatliche Institutionen die Nutzung von Kernenergie betreiben, vgl. Sec. 9 Nuclear Installation Act 1965.

67) Vgl. dazu *Schindel*, S. 79—85.

68) *Trevor* and *Evans*, S. 289 (303); Statement of the Minister of Power (Lord *Mills*) during, Parliamentary discussions in the Act, *Hansard*, House of Lord Official Report of Parliamentara Debates, Vol. 212 No. 7, 509; zit. nach *Trevor* and *Evans*, Fußnote 82.

69) Loi no 65—955 du 12 novembre 1965. instituant à titre transitoire un regime spécial de responsabilité en ce qui concerne les accidents d'origine nucléaire, Journal Official 1965, Novembre, S. 9995.

70) *Schindel*, S. 185, 186.

Arbeitsunfälle, soweit sie einen Rückgriff gegen den Unternehmer vorsehen, anwendbar, Art. 10 des Gesetzes.

II. Staatshaftung

Soweit der Schaden über 50 Millionen Franc hinausgeht, haftet der Staat, Art. 7 2. Halbsatz des Gesetzes. Die Staatshaftung ist begrenzt auf 600 Millionen Franc für einen atomaren Unfall. Der Geschädigte hat einen direkten Anspruch gegen den Staat.

B. Rechtliche Kanalisierung

I. Erfaßter Personenkreis

Die Haftung aller anderen Personen, die einen atomaren Unfall auslösen können, wird ausgeschlossen, Art. 2 des Gesetzes. Damit bekennt sich auch das französische Recht zur rechtlichen Kanalisierung.

II. Ausnahmen

Personen, die Kernbrennstoffe auf eigene Rechnung befördern, werden von der rechtlichen Kanalisierung nicht erfaßt. Die näheren Einzelheiten zu dieser Thematik sollen einem Ausführungsgesetz vorbehalten bleiben, Art. 11 des Gesetzes.

Ausgeschlossen bleibt von der rechtlichen Kanalisierung auch die Haftung nach den Sozialversicherungsgesetzen, den Gesetzen über Arbeitsunfälle und ähnliche für bestimmte Berufe erlassene Bestimmungen, Art. 10 Abs. 1—3 des Gesetzes.

III. Rückgriff

Ein Rückgriff wird dem Unternehmer lediglich dann gegen den Schädiger zugestanden, wenn der Schaden vorsätzlich herbeigeführt worden ist oder eine vertragliche Vereinbarung besteht, Art. 9 a und b des Gesetzes[71]).

5. Abschnitt: Schweizer Recht

A. Vorbemerkung

I. Haftung der Unternehmer

1. Kausalhaftung

Die Haftung für atomare Schäden wird in den Art. 12 bis 28 des Bundesgesetzes über die friedliche Verwendung der Atomenergie und den Strahlenschutz geregelt[72]).

Wird beim Betrieb einer Atomanlage durch Wirkungen von Kernspaltungsvorgängen ein Personen- oder Sachschaden verursacht, so haftet der Inhaber der Anlage, Art. 12 Abs. 1 des Gesetzes.

---

[71]) s. oben, S. 94 Fußnote 69.

[72]) Bundesgesetz über die friedliche Verwendung der Atomenergie und den Strahlenschutz vom 23. XII. 1959, BGBl. 1959 II, S. 1422.

Er haftet ebenfalls für solche Schäden, die durch Kernumwandlungsvorgänge in radioaktiven Kernbrennstoffen und Rückständen, die aus seiner Anlage stammen, verursacht werden und zur Zeit der Schadensverursachung noch nicht von dem Inhaber einer anderen Anlage übernommen waren, Art. 12 Abs. 2 des Gesetzes. Schließlich haftet er auch für infolge von Kernumwandlungsvorgängen ausgelöste Transportschäden, wenn er radioaktive Kernbrennstoffe oder Rückstände aus dem Ausland bezieht, Art. 12 Abs. 3 des Gesetzes.

a) Haftungsbegrenzung

Diese umfassende Kausal- oder Gefährdungshaftung[73]) ist der Höhe nach begrenzt. Die Höchstsumme ist dabei an eine für die Haftung nachzuweisende Deckungsvorsorge geknüpft, Art. 12 Abs. 5 des Gesetzes.

b) Deckungsvorsorge

Der Inhaber der Anlage hat zur Deckung seiner Haftpflicht eine Versicherung abzuschließen, Art. 21 Abs. 1 des Gesetzes. Die Versicherung muß grundsätzlich die Haftpflicht bis zur Höhe von 40 Millionen Franken je Atomanlage oder je Inhaber der radioaktiven Kernbrennstoffe oder Rückstände decken, Art. 21 Abs. 2 des Gesetzes.

Hat der Versicherer Leistungen erbracht oder Rückstellungen für eingetretene Schadensereignisse gemacht, so vermindert sich die Deckungssumme entsprechend, Art. 22 Abs. 1 Satz 1 des Gesetzes. Das folgt daraus, daß die Versicherung pro Anlage und nicht pro Ereignis zu nehmen ist[74]); erreicht die Minderung ein Zehntel der Deckungssumme, so hat der Versicherungsnehmer eine Zusatzversicherung abzuschließen bis zur Höhe des ursprünglichen Betrages.

Trotz der in diesem Rahmen variablen Deckungssumme haftet der Inhaber der Anlage stets bis zur Grenze von 40 Millionen Franken[75]).

Der Geschädigte hat im Rahmen der vertraglichen Versicherungsdeckung eine unmittelbare Forderung gegen den Versicherer (action directe), Art. 24 Abs. 1 des Gesetzes.

2. *Verschuldenshaftung*

Neben diesem Anspruch aus Gefährdungshaftung haftet der Inhaber der Anlage auch nach den allgemeinen Haftungsnormen des Obligationenrechtes. Auch diese Haftung ist jedoch der Höhe nach begrenzt.

II. Staatshaftung

Reichen die vorhandenen Mittel bei Großschäden nicht zur Befriedigung aller Ansprüche aus, so ist der Bund verpflichtet[76]), Beiträge auf den nicht

---

[73]) *Devrient*, S. 32.
[74]) Vgl. dazu *Devrient*, S. 77, 80.
[75]) *Devrient*, S. 80.
[76]) *Devrient*, S. 87.

gedeckten Schaden zu leisten, Art. 27 Abs. 1 des Gesetzes. Der Geschädigte hat in diesem Fall einen direkten Anspruch gegen den Bund[77]).

1. Unbegrenzte Haftung

Die Haftung des Bundes ist nicht begrenzt[78]); daraus folgt jedoch nicht, daß der Bund stets den gesamten Schaden zu decken hätte. Vielmehr leistet er nur „an den nicht gedeckten Schäden Beiträge", Art. 27 Abs. 1 Satz 2 des Gesetzes. Dazu wird eine gesonderte Entschädigungsordnung von der Bundesversammlung aufgestellt werden, Art. 27 Abs. 1 Satz 1 des Gesetzes. Theoretisch könnte sich der Bund also auf geringe Beträge beschränken. Indessen geht die allgemeine Ansicht dahin, daß der Bund den Schaden vollständig zu decken habe, wenn dies die finanzielle Lage des Staates erlaube[79]).

2. Haftungsgrundlage

Die Haftung des Staates wird als gerechtfertigt angesehen, weil der Staat die Errichtung von Kernanlagen trotz des bekannten Gefahrenpotentials in allgemeinster Weise fördere und so den Bürger der Gefahr aussetze[80]). Weiter wird darauf hingewiesen, daß der Staat aus der Entwicklung der nuklearen Energie Vorteile ziehe[18]). Vergleichweise wird auf den Aufopferungsanspruch des deutschen Rechts hingewiesen.

Ob ein Rechtsanspruch auf dieser Grundlage gegen den Staat ohne gesetzliche Regelung gegeben wäre, bleibt zweifelhaft, zumal auch von einer lediglich „ethischen Verpflichtung" des Staates gesprochen wird[82]).

Bei Katastrophenschäden — und nur solche kommen für die Haftung des Bundes in Betracht — hat der Bund bisher stets den Opfern geholfen[83]).

3. Rückgriff

Trifft den Inhaber der Anlage ein Verschulden an dem Schaden, so kann der Bund von ihm Ersatz für seine Aufwendungen verlangen, Art. 27 des Gesetzes. Diese Vorschrift ist kritisiert worden, weil damit im Innenverhältnis eine unbegrenzte Verschuldenshaftung des Inhabers der Anlage eingeführt worden ist[84]).

III. Zusammenfassung

Als besondere Vorteile der Schweizer Lösung werden betont, daß eine klare Trennung zwischen der Haftpflicht des Unternehmers und der Staatshaftung getroffen worden sei; so könnten die Versicherer dem Haftpflichti-

---

77) *Devrient*, S. 90; *Scheidwimmer*, VersR 1962, S. 677 (681); *Belser*, Atomversicherungsrechtliche Fragen, S. 75.
78) *Devrient*, S. 87.
79) *Devrient*, S. 87; *Schindel*, S. 227; *Belser*, Rapport à l'OECE, S. 69, zitiert nach *Devrient*, S. 88 Fußnote 1.
80) *Belser*, Atomversicherungsrechtliche Fragen, S. 75, 76.
81) *Devrient*, S. 86.
82) *Belser*, Atomversicherungsrechtliche Fragen, S. 75.
83) *Schindel*, S. 227.
84) *Devrient*, S. 95.

gen eine kongruente Deckung gewähren; der Staat könne diesen Versicherungszweig nicht verstaatlichen, eine Gefahr, die bei einer bloßen Freistellungsverpflichtung des Staates bestehe[85]). Schließlich wird darauf hingewiesen, daß der Staat unbeschränkt hafte; der Einwand, die Opfer könnten bei der gewählten Lösung nicht auf eine feste Garantie des Staates rechnen[86]), was zu einer gewissen Unsicherheit führen könne, wird nicht für beachtlich gehalten im Vertrauen darauf, der Staat werde eine angemessene Entschädigung zahlen[87]).

B. Rechtliche Kanalisierung

I. Erfaßter Personenkreis

Der Inhaber der Anlage haftet ausschließlich; neben ihm haften andere Personen nicht für Schäden, die durch Kernumwandlungsvorgänge ausgelöst worden sind, Art. 12 Abs. 5 des Gesetzes. Die rechtliche Kanalisierung erfaßt sowohl die Personen, die mit dem Inhaber der Anlage in vertraglicher Beziehung stehen, wie auch jeden Dritten. Der Verletzte kann sich stets nur an den Inhaber der Anlage halten.

Auch der Beförderer von radioaktiven Stoffen haftet grundsätzlich nicht für atomare Schäden[88]).

II. Ursache der Kanalisierung

1. Wirtschaftliche Notwendigkeit

Die rechtliche Kanalisierung soll der technischen Entwicklung und dem Fortschritt auf dem Gebiete der Kernenergie dienen. Der Bundesrat befürchtete, die Anwendung der allgemeinen Haftungsgrundsätze mit der solidarischen Haftung aller Schädiger[89]) werde die Industrie wegen des hohen Risikos davon abhalten, sich an dieser Entwicklung zu beteiligen[90]).

2. Rechtliche Vereinbarkeit

Die rechtliche Kanalisierung bedeutet auch für das Schweizer Recht einen Einbruch in das allgemeine Haftungsgefüge, welches die Stellung des Geschädigten besonders stark schützt.

Diese Position — so argumentiert man[91]) — werde durch die rechtliche Kanalisierung zwar formal, aber nicht materiell beeinträchtigt. Die Pflichtversicherung des Inhabers der Anlage gewährleiste den Ersatz eines entstandenen Schadens. Damit könne das Institut der Gesamtschuldnerschaft auf diesem Gebiete aufgegeben werden.

---

85) *Belser*, Atomversicherungsrechtliche Fragen, S. 75.
86) *Piérard*, S. 218.
87) *Devrient*, S. 88.
88) *Schindel*, S. 234, 235.
89) *Devrient*, S. 38.
90) *Message*, Feuille fédérale 1958 no 50, S. 1580, zitiert nach *Devrient*, S. 38.
91) *Devrient*, S. 39.

Das System der rechtlichen Kanalisierung sei zudem einfach und lasse keine Deckungslücken offen; deshalb sei es der wirtschaftlichen Kanalisierung vorzuziehen[92]).

III. Rückgriff

Dem Inhaber der Genehmigung steht ein Rückgriff lediglich in drei Fällen offen, Art. 13 Abs. 1 des Gesetzes, nämlich gegen den, der den Schaden vorsätzlich verursacht hat, gegen den Dieb oder Hehler von radioaktiven Stoffen sowie schließlich gegen Personen, mit denen eine dahingehende vertragliche Vereinbarung besteht.

3. Kapitel: INTERNATIONALE ATOMHAFTUNGSKONVENTIONEN

A. Vorbemerkung

Die internationale Rechtsentwicklung ist auf dem Gebiet des Atomrechts weit vorangeschritten. Dies hat seinen Grund darin, daß die Atomenergie viele Länder der Erde zu gleicher Zeit vor die gleichen Probleme stellte sowie daß unter diesen Ländern teilweise sehr enge wirtschaftliche Beziehungen auf atomarem Gebiet bestehen[1]).

Bisher sind drei internationale Konventionen aufgestellt worden[2]). Die Bundesrepublik Deutschland hat bisher keine der Konventionen ratifiziert[3]).

I. Konventionen

1. Pariser Konvention

Eine internationale Grundlage bildet das „Übereinkommen über die Haftung gegenüber Dritten auf dem Gebiet der Kernenergie vom 29. Juli 1960 in der Fassung des Zusatzprotokolls vom 28. Januar 1964" (Pariser Konvention). Diese Konvention ist im Rahmen der Organisation für Europäische Wirtschaftliche Zusammenarbeit ausgearbeitet worden.

Die Bundesrepublik hat diese Konvention unterzeichnet.

Die Pariser Konvention ist im Jahre 1968 — als bisher einzige Konvention — in Kraft getreten, nachdem fünf von sechszehn Teilnehmerstaaten die Ratifikationsurkunden bei der OECD hinterlegt haben, Art. 19b der Pariser Konvention[4]).

Auf der Grundlage der Pariser Konvention ist das „Zusatzübereinkommen zum Pariser Übereinkommen vom 29. Juli 1960 über die Haftung gegenüber Dritten auf dem Gebiete der Kernenergie vom 31. Januar 1963" in

---

[92]) *Piérard*, S. 198.

[1]) *Weitnauer*, Atomhaftungsrecht, S. 90—93; *Fischerhof* I, Anm. 10 zu Einf. S. 115.

[2]) Die Texte aller Konventionen sind abgedruckt in Legal Series No 4 der International Atomic Energy Agency (IAEA) Wien 1966; amtliche deutsche Übersetzung abgedruckt bei Erler, Internationale Atomhaftungskonventionen.

[3]) *Fischerhof* II-*Pelzer*, Erläuternde Haftungskonventionen, Anm. 19—20, S. 328 bis 329.

[4]) Die Welt v. 17. IV. 1968 Nr. 90, S. 20.

der Fassung des Zusatzprotokolls vom 28. Januar 1964 (Brüsseler Zusatzkonvention) aufgebaut. Dieses Zusatzübereinkommen hat die Bundesrepublik Deutschland nicht unterzeichnet.

2. *Wiener Konvention*

Auf weltweite Grundlage angelegt ist das von 58 Staaten[5]) erarbeitete „Wiener Übereinkommen über die Haftung für nukleare Schäden vom 21. Mai 1963".

Dieses Übereinkommen hat die Bundesrepublik nicht unterzeichnet[6]).

3. *Brüsseler Atomschiffskonvention*

Speziell für die Haftung der Betreiber von Atomschiffen ist das „Übereinkommen über die Haftung der Inhaber von Atomschiffen vom 25. Mai 1962" geschaffen worden. Auch diese Konvention ist bisher von der Bundesrepublik nicht unterzeichnet worden[7]).

II. Haftungsprinzipien

Alle Konventionen ordnen eine Haftung ohne Verschulden des Inhabers der Anlage für atomare Schäden an[8]). Die Haftung ist stets begrenzbar und überschreitet selbst bei Vorsatz[9]) nicht den festgesetzten Höchstbetrag[10]), der unterschiedlich ist[11]).

III. Deckungsvorsorge

1. *Pariser Konvention*

Nach der Pariser Konvention war der Inhaber der Anlage gehalten, eine andere finanzielle Sicherheit für seine Haftung einzugehen[12]). Dieser Passus ist durch die Brüsseler Zusatzkonvention neu gefaßt worden.

Danach haben die einzelnen Staaten dafür Sorge zu tragen, daß Entschädigung für nukleare Schäden bis zu einem Betrag von 120 Millionen Rechnungseinheiten (= US Dollar) je Schadensereignis geleistet wird[13]). Die Entschädigung soll bis zu einem Betrag von mindestens 5 Millionen Rechnungseinheiten durch Mittel, die aus einer Versicherung oder sonstigen finanziellen Sicherheit stammen, geleistet werden[14]). Der überschießende Betrag bis

---

[5]) Wiener Konvention, Schlußprotokoll Nr. 3.

[6]) *Kanno*, S. 10.

[7]) *Weitnauer*, Atomhaftungsrecht, S. 95.

[8]) Art. 6 a/1 a Pariser Konvention; Art. II 1/IV 1/I 1 k Wiener Konvention; Art. II 1/I 8 Brüsseler Atomschiffskonvention.

[9]) Pariser Konvention-Exposé des Motivs Nr. 19 abgedruckt bei *Fischerhof* II-*Pelzer*, S. 284.

[10]) Art. 7 a Pariser Konvention; Art. V 1 Wiener Konvention; Art. III 2 Brüsseler Atomschiffskonvention.

[11]) Art. 7 b Pariser Konvention; Art. V 1 Wiener Konvention; Art. III 1 Brüsseler Atomschiffskonvention.

[12]) Art. 10 Pariser Konvention.

[13]) Art. 3 a Brüsseler Zusatzkonvention.

[14]) Art. 3 b i Brüsseler Zusatzkonvention.

zur Grenze von 70 Millionen Rechnungseinheiten soll durch öffentliche Mittel des Staates erbracht werden, in dem sich die Anlage befindet[15]). Der Restbetrag bis zu 120 Millionen Rechnungseinheiten soll durch öffentliche Mittel, die von den beteiligten Ländern nach einem bestimmten Schlüssel zur Verfügung gestellt werden, gedeckt werden[16]).

2. *Wiener Konvention*

Nach der Wiener Konvention ist der Inhaber der Anlage verpflichtet, zur Deckung seiner Haftung für nukleare Schäden eine Versicherung oder eine sonstige finanzielle Sicherheit aufrechtzuerhalten, deren Höhe, Art und Bedingung von dem Anlagestaat bestimmt werden[17]). Über diesen gedeckten Betrag hinaus hat der Anlagestaat die Erfüllung der gegen den Inhaber geltend gemachten Schadensersatzansprüche sicherzustellen[18]).

3. *Brüsseler Atomschiffskonvention*

Der Inhaber eines Atomschiffes ist verpflichtet, zur Deckung seiner Haftung für nukleare Schäden eine Versicherung oder eine sonstige finanzielle Sicherheit aufrechtzuerhalten, deren Höhe, Art und Bedingung von dem Genehmigungsstaat bestimmt werden. So weit diese Deckung nicht ausreicht, hat der Genehmigungsstaat bis zum Haftungshöchstbetrag mit öffentlichen Mitteln einzustehen[19]).

B. Rechtliche Kanalisierung

Die rechtliche Kanalisierung der Haftung ist ein Grundprinzip aller Atomhaftungskonventionen.

I. Pariser Konvention

1. *Erfaßter Personenkreis*

Ein Anspruch auf Ersatz kann für einen durch ein nukleares Ereignis entstandenen Schaden nur gegen den Inhaber der Anlage geltend gemacht werden[20]); das gilt grundsätzlich auch für alle Transportvorgänge[21]).

2. *Ausnahmen*

Der Beförderer selbst haftet nur dann, wenn die nationale Gesetzgebung dies vorsieht[22]). Unberührt von der Konvention bleibt die Haftung nach internationalen Übereinkommen auf dem Gebiet der Beförderung[23]). Diese Regelung wird jedoch dadurch in das System der Konvention zurückgeführt,

---

15) Art. 3 b ii Brüsseler Zusatzkonvention.
16) Art. 3 b iii Brüsseler Zusatzkonvention.
17) Art. VII 1 Satz 1 Wiener Konvention.
18) Art. VII 1 Satz 2 Wiener Konvention.
19) Art. III 2 Brüsseler Atomschiffskonvention.
20) Art. 6 a S. 1; Art. 6 b S. 1 Pariser Konvention.
21) Art. 4 a Pariser Konvention.
22) Art. 4 d Pariser Konvention.
23) Art. 6 b S. 2 Pariser Konvention.

daß der nach internationalen Übereinkommen haftende Beförderer ein Rückgriffsrecht gegenüber dem Inhaber der Anlage innerhalb der Haftungsgrenzen hat[24]).

3. Ursachen der Kanalisierung

Nach der Konvention gibt es stets nur einen Haftenden; das macht die Rechtslage klar und übersichtlich; dies ist vor allem dann von Bedeutung, wenn Personen verschiedener Nationen an einem Konfliktsfall beteiligt sind. Diese Folge wird man als eine der wesentlichen Ursachen der rechtlichen Kanalisierung anzusehen haben.

Nach der Begründung zur Pariser Konvention wird als weiterer Grund zugunsten der rechtlichen Kanalisierung angeführt, anderenfalls hätten die Zulieferer spezielle teure Versicherungen abschließen müssen, wobei nicht einmal sicher sei, ob solche Versicherungen überhaupt angeboten werden könnten[25]).

Die rechtliche Kanalisierung soll der Entwicklung der Kernenergie dienen[26]).

4. Rückgriff

Ein Rückgriffsrecht ist nur bei vorsätzlicher[27]) Schädigung und dann vorgesehen, wenn dies vertraglich mit dem Schädiger vereinbart worden ist[28]).

5. Vorbehalt der Bundesrepublik Deutschland

Anläßlich der Unterzeichnung der Konvention wurde der Bundesrepublik Deutschland vorbehalten, im innerstaatlichen Recht vorzusehen, daß die Haftung eines anderen als des Inhabers der Kernanlage bestehen bleibt, wenn jener andere hinsichtlich seiner Haftung voll gedeckt ist[29]) (Vorbehalt zugunsten der wirtschaftlichen Kanalisierung der Haftung).

II. Wiener Konvention

Hinsichtlich der rechtlichen Kanalisierung der Haftung unterscheidet sich die Wiener Konvention nicht wesentlich von der Pariser Konvention[30]).

Einen Vorbehalt zugunsten der wirtschaftlichen Kanalisierung konnte die Bundesrepublik hier nicht durchsetzen[31]).

---

[24]) Art. 6 c Pariser Konvention.

[25]) Pariser Konvention — Exposé des Motifs Nr. 15; *Fischerhof* II-*Pelzer*, S. 282.

[26]) Pariser Konvention — Exposé des Motifs Nr. 2; *Fischerhof* II-*Pelzer*, S. 277.

[27]) In der amtlichen Übersetzung heißt es zwar spezieller „wenn der Schaden die Folge einer in Schädigungsabsicht begangenen Handlung ist"; vgl. *Erler*, Internationale Atomhaftungskonventionen, S. 157, Art. 6 f i Pariser Konvention, jedoch hat *Kanno* überzeugend dargetan, daß damit einfacher Vorsatz gemeint ist, vgl. *Kanno*, S. 21—31; a. A. *Fischerhof*, AcP 168, S. 108 (Buchbesprechung).

[28]) Art. 6 f Pariser Konvention.

[29]) Pariser Konvention Anhang 1.

[30]) Art. II 5, S. 1 und 2 Wiener Konvention; Art. X Wiener Konvention.

[31]) *Weitnauer*, Atomhaftungsrecht, S. 147; *Mosthaf*, VersR 1967, S. 197; *Fischerhof*, VersR 1966, S. 601 (603).

III. Brüsseler Atomschiffskonvention

Das gleiche gilt für die Brüsseler Atomschiffskonvention[32]).

Teil C:

Reform des deutschen Atomgesetzes

1. Kapitel: RECHTLICHE KANALISIERUNG AUF DEN INHABER DER ANLAGE

Die Bundesrepublik Deutschland hat die Pariser Konvention unterzeichnet[1]), bisher aber nicht ratifiziert. Auf eine Anfrage aus dem Bundestag hat der Bundesminister für wissenschaftliche Forschung am 30. März 1966 ausgeführt, die Bundesregierung beabsichtige, die Ratifizierung der Konvention vorzubereiten. Voraussichtlich noch in dieser Legislaturperiode werde ein Entwurf des Atomgesetzes vorgelegt werden, welcher das geltende deutsche Atomrecht an die Konvention anpasse[2]). Dabei ist an eine vorbehaltlose Ratifizierung der Konvention gedacht[3]). Einer der Kernpunkte des zu erwartenden Entwurfes der Bundesregierung wird deshalb die rechtliche Kanalisierung der Haftung auf den Inhaber der Kernanlage sein, wie sie oben näher beschrieben ist[4]).

Diese Einführung der rechtlichen Kanalisierung der Haftung ist Gegenstand einer mit großer Leidenschaft geführten Diskussion. Dabei überwog in der Vergangenheit die Zahl der Stimmen, die die Einführung der rechtlichen Kanalisierung ablehnten. Die tragenden Gründe für diese Haltung sollen zunächst dargestellt werden.

1. Abschnitt: Begründung der ablehnenden Haltung

I. Zusammenbruch des geltenden Haftungssystems

1. Haftungsausschluß

Das Kernproblem der rechtlichen Kanalisierung der Haftung ist der dadurch bedingte weitgehende Ausschuß der Haftung schuldhaft handelnder Personen. Für fahrlässiges Handeln wird gar nicht gehaftet, bei Vorsatz hat nur der Inhaber der Atomanlage einen (Rückgriffs-) Anspruch gegen den Schädiger, der Geschädigte kann sich dagegen nur an den stets aus Gefährdungshaftung verantwortlichen Inhaber der Kernanlage halten. Diese rechtliche Regelung steht in Widerspruch sowohl zu § 823 Abs. 1 BGB wie zu § 840 Abs. 1 BGB.

---

[32]) Art. II 2, 3 und 6 Brüsseler Atomschiffskonvention.

[1]) s. oben S. 99.

[2]) BT-Drucksachen V/489.

[3]) *Fischerhof*, AcP 168, S. 108 (109) (Buchbesprechung).

[4]) s. oben, S. 101—102.

2. *Verschuldenszurechnung*

Führt man die rechtliche Kanalisierung ein, so bedeutet das mithin, daß dem Geschädigten die Ansprüche, die ihm nach allgemeinem Recht aus Verschulden gegen andere Personen als den Inhaber der Anlage zustehen, genommen werden; will man die Gläubigerstellung des Geschädigten nicht schwächen[5]), so muß dafür dem Geschädigten ein Ausgleich gegeben werden; dies ergibt sich schon daraus, daß die Ansprüche aus unerlaubter Handlung nach §§ 823 ff BGB grundsätzlich Ersatz für immateriellen Schaden gewähren und der Höhe nach unbeschränkt sind. Man müßte mithin den Inhaber als dem einzig Verantwortlichen auch zum Ersatz solcher Ansprüche verpflichten; die Erklärung dafür könnte nur darin erblickt werden, daß dem Inhaber das Verschulden anderer Personen zugerechnet wird.

Dies aber hielten die Verfasser des geltenden deutschen Atomgesetzes für einen Eingriff in das bestehende Haftungssystem, der „zu einem vollen Zusammenbruch unseres ganzen zivilrechtlichen Haftungssystems führen" müsse und deshalb nicht annehmbar sei[6]).

3. *Fehlende Parallele*

Diese Auffassung beruht auf der Ansicht, daß es für die rechtliche Kanalisierung in der vorgestellten Form keine Parallele in der deutschen Rechtsordnung gebe.

Zwar wird nicht übersehen, daß nach geltendem Recht nicht jeder schuldhaft handelnde Schädiger haftet, etwa nach § 839 Abs. 1 BGB, Art. 34 GG, §§ 636, 638 RVO oder nach den Grundsätzen über gefahrgeneigte Tätigkeit; jedoch ist man der Auffassung, daß sich aus diesen Vorschriften die rechtliche Kanalisierung nicht herleiten lasse[7]). Sie seien bloße — wenn auch wohlbegründete — Ausnahmen von dem allgemeinen Prinzip.

II. Aufgabe des Geltungsanspruches des Rechtes

1. *Verlust rechtsethischer und sozialpädagogischer Werte*

Die rechtliche Kanalisierung werde zudem, so befürchtet man[8]), zu einer nicht wünschenswerten Verflachung des Verantwortungsbewußtseins der von der Haftung freigestellten Personen führen; das Recht habe diesen Wert zu wahren und nicht zu seinem Abbau beizutragen. Die Massengesellschaft sei nur zu willig, die hergebrachten sittlichen Werte zu vernachlässigen. Aufgabe des „echten Juristen" sei es, sich in der Verteidigung dieser wichtigsten gültigen Werte zu bewähren[9]).

---

[5]) V. dem *Hagen-Sieveking* MDR 1961, S. 274 (277).

[6]) *Weitnauer*, Karlsruher Forum 1960, S. 8 (12); *Klingsporn*, DRiZ 1961, S. 106 (109); v. dem *Hagen-Sieveking*, MDR 1961, S. 274 (276).

[7]) *Fischerhof*, VersR 1966, S. 601 (603); *Fischerhof*, AcP 168, S. 108 (110) (Buchbesprechung); *Fischerhof* II-*Pelzer*, Erl. Haftungskonventionen, Anm. 25, S. 333, 334.

[8]) *Weitnauer*, Karlsruher Forum 1960, S. 8 (12); *Pelzer*, VersR 1966, S. 1010 (1011); *Edlbacher*, ÖJZ 1967, S. 477 (481); *Hagmeier*, S. 35 (39).

[9]) *Edlbacher*, ÖJZ 1967, S. 477 (482, 483).

2. *Verstoß gegen Gerechtigkeit*

Die rechtliche Kanalisierung verstoße zudem gegen die Gerechtigkeit, weil sie ohne sachlichen Grund eine bestimmte Gruppe von Personen bevorzuge, indem sie diese von der Haftung für fahrlässiges Handeln freistelle[10]).

III. Fehlende Notwendigkeit für eine Reform

1. *Effektivität der wirtschaftlichen Kanalisierung*

Es bestehe keine Notwendigkeit, derart in das bestehende Haftungssystem einzugreifen. Die im deutschen Atomrecht geltende wirtschaftliche Kanalisierung sei vielmehr eine effektivere Lösung als die rechtliche Kanalisierung[11]).

a) Deckungslücken

Soweit nach deutschem Atomrecht noch Deckungslücken bestünden, deren Schließung wünschenswert sei (Haftung des Beförderers, Eigenschäden), lasse sich dieses ohne weiteres im Rahmen der wirtschaftlichen Kanalisierung herstellen, indem man die Pflicht zur Deckungsvorsorge erweitere; die Versicherungen könnten etwa ohne weiteres auch das Risiko für Dritte übernehmen, die bisher nicht gedeckt seien[12]).

b) Förderung der Atomindustrie

Zwar lasse die wirtschaftliche Kanalisierung der Haftung für die Zulieferer das Risiko bestehen, in Haftpflichtprozessen verwickelt zu werden. Deshalb brauche man aber nicht zu befürchten, daß sich ausländische Zulieferer von der Lieferung nach Deutschland abhalten lassen würden; der deutsche Markt sei zu wichtig, als daß dieses Risiko einen Einfluß auf die Geschäftsbeziehungen haben könnte[13]).

c) Rechtsvereinheitlichung

Schließlich werde man zur Übernahme der rechtlichen Kanalisierung auch nicht durch die internationalen Konventionen gezwungen. Wie für die Pariser Konvention, so müßten auch für die Wiener Konvention und die Brüsseler Atomschiffskonvention Vorbehalte zugunsten der wirtschaftlichen Kanalisierung angestrebt werden. Solange die Vereinigten Staaten von Amerika als das wichtigste Zulieferland das Prinzip der wirtschaftlichen Kanalisierung beibehielten, bestehe für die Bundesrepublik Deutschland keine Notwendigkeit, es aufzugeben[14]).

---

10) *Fischerhof*, VersR 1966, S. 601 (604); *Pelzer*, VersR *1966*, S. 1010 (1011); von dem *Hagen-Sieveking*, MDR 1961, S. 274 (276); *Edlbacher*, ÖJZ 1967, S. 477 (481, 482).

11) *Weitnauer*, Karlsruher Forum 1960, S. 8 (12); *Fischerhof*, VersR 1966, S. 601 (602); *Hagmaier*, S. 35 (39).

12) *Pelzer*, VersR 1966, S. 1010 (1013); *Weitnauer*, Atomhaftungsrecht, S. 148, 149; zu den bisher nicht gedeckten Risiken vgl. die Zusammenstellung *Weitnauer*, DB 1960, S. 283 (286, 287).

13) *Pelzer*, VersR 1966, S. 1010 (1012).

14) *Pelzer*, VersR 1966, S. 1010 (1014).

d) Flexibilität

Nur die wirtschaftliche Kanalisierung gestatte es schließlich, wieder in die hergebrachten Haftungsvorstellungen zurückzukehren, sobald sich das atomare Risiko normalisiert habe[15]).

2. *Mängel der rechtlichen Kanalisierung*

a) Lückenhafte Regelung

Die Pariser Konvention läßt die Haftung nach internationalen Übereinkommen auf dem Gebiet der Beförderung unberührt, Art. 6 b. Daraus wird das Argument hergeleitet, die rechtliche Kanalisierung könne nicht einheitlich durchgeführt werden, was zur Folge habe, daß für bestimmte Risiken eine zusätzliche Deckung gesucht werden müsse[16]).

b) Innere Widersprüchlichkeit

Bei vorsätzlichen Schädigungen sei die rechtliche Kanalisierung zudem in sich widersprüchlich, da der Handelnde zwar nicht nach außen, wohl aber dem Inhaber der Anlage hafte[17]).

c) Verarmung des Rechtes

Mit dem weitgehenden Ausschluß der Haftung führe die rechtliche Kanalisierung schließlich zu einer Verarmung des Rechtes, indem sie die Verschuldensregresse in weitem Rahmen beseitige[18]).

3. *Ausweitung der rechtlichen Kanalisierung*

Bei einer Einführung im Rahmen des Atomrechtes müsse befürchtet werden, daß die rechtliche Kanalisierung auch auf andere Rechtsgebiete übergreife. Nicht nur in der Atomwirtschaft bestehe die Gefahr von Großschäden, sondern ebenso in anderen Bereichen der Energiewirtschaft (Öl, Wasser)[19]). Unser Haftpflichtrecht werde dabei in seinem Bestande in Gefahr geraten, es drohe eine Sozialisierung technischer Risiken, die mit der bestehenden Wirtschafts- und Sozialordnung nicht zu vereinbaren sei.

Die Einführung der rechtlichen Kanalisierung für Raumfahrzeuge und Satelliten ist bereits vorgeschlagen worden[20]).

2. Abschnitt: Begründung zur bejahenden Haltung

1. *Klarheit und Einfachheit*

Zur Begründung und Rechtfertigung der rechtlichen Kanalisierung war sowohl in den ausländischen Atomgesetzen wie auch in den internationalen

---

15) *Hagmaier*, S. 35 (39, 40).

16) *Weitnauer*, DB 1960, S. 283 (284 Fußnote 8); *Klingsporn*, DRiZ 1961, S. 106 (109); *Hagmaier*, S. 35 (39).

17) V. dem *Hagen-Sieveking*, MDR 1961, S. 274 (277).

18) *Scheidwimmer*, VersR 1962, S. 677 (680); *Hagmaier*, S. 35 (40).

19) *Pelzer*, VersR 1966, S. 1010 (1011); *Weitnauer*, DB 1960, S. 283 (284 Fußnote 8); *Edlbacher*, ÖJZ 1967, S. 477 (482); *Hagmaier*, S. 35 (40).

20) *Edlbacher*, ÖJZ 1967, S. 477 (482).

Konventionen immer wieder auf die klare und einfache Regelung hingewiesen worden, die Folge der rechtlichen Kanalisierung sein soll. Dieses Argument zugunsten der rechtlichen Kanalisierung wird auch in Deutschland vorgetragen: der Vorzug der rechtlichen Kanalisierung bestehe darin, daß der Wille des Gesetzgebers, den Inhaber der Anlage das Risiko tragen zu lassen, unmittelbar im Haftungsrecht verwirklicht werde[21]).

2. *Geltung des Verschuldensprinzips*

Der durch die rechtliche Kanalisierung bedingte Einbruch in das hergebrachte Haftungssystem werde hingegen überbewertet.

a) Tatsächliche Kanalisierung

Im Wirtschaftsleben sei das Prinzip, daß derjenige, der schuldhaft handele, auch hafte, weitgehend verlassen. Die Haftpflichtrisiken trage die Versicherung, deren Kosten in die Kalkulation eingingen und so auf den Verbraucher übergewälzt würden; die Haftung sei so tatsächlich auf den Verbraucher kanalisiert[22]).

b) Geschädigter

Überdies werde das Verschuldensprinzip zu einseitig im Hinblick auf den Schädiger gesehen, wenn man aus diesem Prinzip die Folgerung ziehe, daß jede schuldhaft handelnde Person schadensersatzpflichtig sein müsse. Das Verschuldensprinzip sei vielmehr aus dem Blickwinkel des Geschädigten zu werten, für den allein die Frage maßgeblich sei, ob er einen Ersatz für den entstandenen Schaden erhalte. Allein diesen Schadensersatzanspruch solle das Verschuldensprinzip begründen[23]).

c) Gefährdungshaftung

Die dogmatische Begründung der rechtlichen Kanalisierung ergebe sich aus § 254 BGB; nicht der fahrlässig handelnde Dritte, sondern der Inhaber der Kernanlage setze die entscheidende Ursache für die Entstehung des Schadens; die Gefährlichkeit der Anlage überwiege das Verschulden des Dritten[24]).

d) Schadenverteilung

Die rechtliche Kanalisierung sei Ausdruck eines neuen Prinzips des Schadensersatzrechtes. Nach der rechtlichen Kanalisierung sei nicht mehr derjenige für den Schaden verantwortlich, der ihn verursacht oder verschuldet habe, sondern der den Schaden durch Versicherung oder Betriebsorganisation verteilen könne. Das sei der Inhaber der Anlage[25]).

3. *Besserstellung des Geschädigten*

Die rechtliche Kanalisierung diene dem Schutz des Geschädigten. Der Schuldner des Schadensersatzanspruches sei in Gestalt des Inhabers der An-

---

[21]) *Mosthaf*, VersR 1967, S. 197 (199).
[22]) *Mosthaf*, VersR 1967, S. 197 (198).
[23]) *Berger*, VersR 1967, S. 114; *Deutsch*, JuS 1967, S. 496 (499); *Kanno*, S. 39—40; dazu *Fischerhof*, AcP 168, S. 108 (110) (Buchbesprechung).
[24]) *Kanno*, S. 102, 116—123, 127; *Mosthaf*, VersR 1967, S. 197 (199).
[25]) *Hannak*, JBl. 1961, S. 537 (540); *Hannak*, Verteilung, S. 47—58.

lage stets eindeutig bestimmbar[26]). Die Deckungsvorsorge könne umfassend und rationell geregelt werden[27]).

Der bei wirtschaftlicher Kanalisierung erforderliche Nachweis des Verschuldens für einen Anspruch aus § 823 BGB könne in der Regel nicht geführt werden. Der Geschädigte sei deshalb tatsächlich auf den Anspruch aus Gefährdungshaftung beschränkt. Hingegen könne bei rechtlicher Kanalisierung seine Stellung effektiv verbessert werden, indem man, was die Pariser Konvention zulasse, den Anspruch aus Gefährdungshaftung auf Schmerzensgeld erstrecke[28]).

4. Forderung der Gerechtigkeit

Die rechtliche Kanalisierung verstoße nicht gegen die Gerechtigkeit; schon tatsächlich hafte nicht jede Person, die schuldhaft einen Schaden verursacht habe[29]). Überdies bestünden schon in der geltenden Rechtssprechung zahlreiche Ausnahmen vom Verschuldensprinzip[30]). Das Schadenspotential der atomaren Anlagen rechtfertige eine besondere Behandlung[31]).

5. Bestand sittlicher Werte

Eine Verminderung des Verantwortungsgefühls sei bei den beteiligten Personen nicht zu befürchten; namentlich die Zulieferer würden aus wirtschaftlichen Gründen ihren Ruf nicht in Gefahr bringen wollen. Im übrigen sei es Aufgabe des Strafrechtes, sozialpädagogisch zu wirken.

3. Abschnitt: Stellungnahme

Die Befürchtung, das Institut der rechtlichen Kanalisierung könnte auf andere Rechtsgebiete übergreifen, macht deutlich, welche Ausstrahlungskraft dieses Modell der Haftung besitzt. Die Steuerung der technisierten Massengesellschaft wird immer schwieriger, die Geschehensabläufe werden komplizierter. Nur Spezialisten vermögen in vielen Teilen des gesellschaftlichen Lebens den sich stellenden Problemen zu begegnen; dies gilt besonders für die Nutzung der Kernenergie.

Diese Entwicklung in Grenzen zu halten, macht die Anziehung der rechtlichen Kanalisierung der Haftung aus.

Jede gesetzliche Neuregelung muß des Vorwurfs gewärtig sein, mit den hergebrachten Vorstellungen zu brechen. Indes ist die Auseinandersetzung um die Einführung der rechtlichen Kanalisierung ungewöhnlich heftig. Dies erklärt sich auch aus deren wirtschaftlicher Bedeutung. So ist es kein Zufall, wenn einerseits der Bundesverband der deutschen Industrie zustimmend, andererseits das Kernforschungszentrum Karlsruhe, die Elektrizitäts- und die

---

26) *Berger*, VersR 1967, S. 114 (115).
27) *Mosthaf*, VersR 1967, S. 197 (199).
28) *Mosthaf*, VersR 1967, S. 197 (201); s. auch *Weitnauer*, Atomhaftungsrecht, S. 149.
29) *Mosthaf*, VersR 1967, S. 197 (200).
30) *Berger*, VersR 1967, S. 114 (115).
31) *Kanno*, S. 125—127.

Versicherungswirtschaft ablehnend zu der Einführung der rechtlichen Kanalisierung Stellung bezogen haben[32]).

Der Bundesverband der deutschen Industrie muß als Vertreter der großen Gruppe der Zulieferer angesehen werden, die durch die Neuregelung entlastet werden würde, weil sie nicht einmal mehr einem Prozeßrisiko ausgesetzt wäre.

Die Elektrizitätswirtschaft hingegen betreibt bisher ganz überwiegend die friedliche Nutzung der Kernenergie; sie würde ebenso wie die Forschungsanstalten zumindest formell durch die Regelung beeinträchtigt werden. Die Versicherungswirtschaft schließlich fürchtet allgemein um die Geschäftslage, da nach ihrer Ansicht die rechtliche Kanalisierung die Tendenz zur Einrichtung einer Zentralkasse und zur Ablösung der Versicherung durch einen Fonds oder den Staat fördert[33]).

Es ist allgemeine Meinung, daß die wirtschaftliche Kanalisierung in der im deutschen Atomgesetz verwirklichten Form in ihren praktischen Auswirkungen für den Schutz der Geschädigten wie für die Förderung der Atomwirtschaft der rechtlichen Kanalisierung sehr nahe kommt[34]).

Nur deshalb konnte die Bundesrepublik Deutschland in der Pariser Konvention einen Vorbehalt durchsetzen. So ist es denn eine vorwiegend rechtspolitische Frage, ob die rechtliche Kanalisierung in das deutsche Atomrecht eingeführt werden wird.

Hier soll der Versuch unternommen werden, die rechtliche Kanalisierung der Haftung in das geltende Haftungssystem einzufügen.

Die rechtliche Begründung wird dabei aus zwei Prinzipien hergeleitet werden, nämlich der Haftungsbegründung durch Versicherung sowie der Zurechnung eines Schadens an den Nutznießer einer fremden offenbar gefahrbehafteten Tätigkeit.

A. Gefährdungshaftung

Es ist heute anerkannt, daß das geltende Schadensersatzrecht nicht mehr durch das Verschuldensprinzip allein bestimmt werden kann. Vielmehr wirken in dem System mehrere Zurechnungsprinzipien, die grundsätzlich einander gleichwertig sind[35]). Eine solche Ordnung wird seit Wilburg als bewegliches oder offenes System gekennzeichnet[36]).

Eine dem Verschuldensprinzip gleichwertige Haftungsgrundlage ist die Gefährdungshaftung. Ließe sich die rechtliche Kanalisierung aus diesem Prinzip herleiten, so könnte man dieses Institut nicht als Ausnahme zu unserem Haftungssystem betrachten.

---

32) *Fischerhof*, AcP 168, S. 108 (109) (Buchbesprechung); *Hagmaier*, S. 35 (40)

33) *Hagmaier*, S. 35 (40).

34) *Mosthaf*, VersR 1967, S. 197; *Hagmaier*, S. 35 (39).

35) *Larenz*, JuS 1965, S. 373; *Esser*, 2. Aufl., § 47 3, S. 159, 160; *Enneccerus-Lehmann*, 15. Aufl., § 14 IV b, S. 61.

36) *Wilburg*, Elemente, S. 27, 28, 29, 101, 102; *Wilburg*, AcP 163, S. 346, 347. Den Gegensatz zu diesem System bildet das axiomatische, vgl. dazu *Larenz*, Methodenlehre, S. 133—143.

1. Außenverhältnis

Mag auch der gefährliche Betrieb von ungewöhnlichem Schadenspotential sein, so führt das doch nach allgemeinen Regeln nicht dazu, daß dem Geschädigten der aus Gefährdungshaftung Verantwortliche allein haftet. Vielmehr ist neben ihm stets der schuldhaft handelnde Schädiger dem Geschädigten verantwortlich[37]). Insofern müßte die rechtliche Kanalisierung auch zur Gefährdungshaftung eine Ausnahme bleiben.

2. Innenverhältnis

Indes wäre diese Ausnahme doch zu begründen, wenn im Innenverhältnis allein der aus Gefährdungshaftung Verantwortliche den Schaden zu tragen hätte.

Diese Auffassung vertreten Kanno[38]) und wohl auch Mosthaf[39]). Der Inhaber der Anlage soll nach § 254 BGB im Innenverhältnis ausschließlich haften, weil er den Schaden ganz überwiegend verursacht habe; er habe „den Kausalbeitrag mit der bei weitem höchsten Gefährlichkeit für einen Schaden der eingetretenen Art gesetzt". Kernanlagen seien wegen ihres außergewöhnlichen Schadenspotentials die gefährlichsten Betriebe, die es heute gebe[40]).

Theoretisch mag das zutreffend sein, wenn man dem schon erwähnten Brookhaven Report folgen will, der unter den denkbar ungünstigsten Umständen einen Sachschaden von 7 Milliarden Dollar bei einer atomaren Katastrophe voraussagte[41]); indes hält diese Voraussage der nun schon mehr als zwanzigjährigen Erfahrung im Umgang mit kerntechnischen Anlagen nicht stand.

In einer umfassenden Untersuchung, bei der alle größeren nuklearen Vorkommnisse aus zwanzig Jahren internationaler Erfahrung berücksichtigt wurden, hat Schulz folgende Ergebnisse erzielt[42]):

Bei 845 ausgewerteten Vorkommnissen in 15 Ländern traten folgende Personenschäden auf:

27 Todesfälle durch Kritikalität, Kontamination, Strahlung;
380 Personen erhielten gesundheitsgefährdende Strahlendosen von mehr als 3 rem;
1093 Personen erhielten Strahlendosen bis zu 3 rem.

Schulz zieht daraus die Folgerung, daß das Strahlenrisiko in kerntechnischen Anlagen bei Innehaltung der Schutznormen gering und hinnehmbar sei. Das gesundheitliche Risiko sei geringer als bei manchen Tätigkeiten in der sonstigen Industrie[43]).

---

[37]) s. oben, S. 10.
[38]) *Kanno*, S. 127.
[39]) *Mosthaf*, VersR 1967, S. 197 (201).
[40]) *Kanno*, S. 126.
[41]) s. oben, S. 73 Fußnote 10.
[42]) *Schulz*, S. 382.
[43]) *Schulz*, S. 392.

Sachschäden traten bei den beobachteten Fällen teilweise gar nicht auf; ebenso waren die durch den Ausfall der Betriebsanlage bedingten Kosten häufig gering[44]).

Die höchsten berichteten Schäden wurden registriert bei einem Reaktorunfall in Windscale (Großbritannien), bei dem sich der Anlageschaden auf 2 Millionen Pfund belief[45]). Bei einem Unfall in Idaho (Vereinigte Staaten von Amerika) entstand ein Gesamtschaden von 4.350.000 Dollar, wobei der Schaden am Reaktor 1.800.000 Dollar ausmachte; für die Entseuchung wurden 1.600.000 Dollar aufgewandt[46]). Die ganz überwiegende Zahl der Vorkommnisse wies sehr viel geringere Schäden auf[47]).

Angesichts dieser Zahlen scheint es nicht sachgerecht, die gesamte rechtliche Regelung aus dem Schadenspotential von atomaren Anlagen herzuleiten. Zwar kann die Möglichkeit von atomaren Katastrophenschäden nicht ausgeschlossen werden. Solche Katastrophenschäden können sich aber auch in anderen Wirtschaftszweigen ereignen, ohne daß deshalb beabsichtigt wird, die rechtliche Regelung daran auszurichten.

Darüber hinaus ist es bedenklich, Größen wie Verursachung und Verschulden im vorhinein für alle denkbaren Fälle in abstrakter Weise gegeneinander abzuwägen. Rother hat darauf hingewiesen, daß es bis jetzt an jedem Anhalt dafür fehle, welchen Wert diese Elemente innerhalb einer gemeinsamen Skala haben und wie ihr Gegen- und Miteinander im Tatbestand anteilsmäßig zu beurteilen ist[48]). Diese Abwägung kann nur den Umständen des Einzelfalles folgen[49]).

Der vorgeschlagenenen Lösung aus der Gefährdungshaftung kann deshalb nicht zugestimmt werden[50]).

B. Gefährliche Kraft

1. Schadenverteilung

Hannak hat ausgeführt, die durch die Gefahren der Technik verursachten Schäden seien dem Grunde nach spezifisch anders als sonstige Schäden; sie würden nicht in erster Linie durch menschliches Verhalten, sondern durch die Wirkung der gefährlichen Kräfte ausgelöst; deshalb sei eine vom individuellen menschlichen Verhalten ausgehende Schadensregelung zur Ordnung dieser Schäden ungeeignet[51]).

Ausgehend von der These, die Rechtsordnung könne mit solchen Schäden nur ein Subjekt belasten, das den Schaden wirtschaftlich auch zu tragen vermöge, will Hannak stets denjenigen mit dem Schaden belasten, der ihn letztlich auf die Gemeinschaft verteilen könne[52]).

[44]) *Schulz*, S. 118—121, 50.
[45]) *Schulz*, S. 226, 227, 231.
[46]) *Schulz*, S. 58, 182.
[47]) *Schulz*, S. 118—121.
[48]) *Rother*, S. 71.
[49]) *Larenz*, JuS 1965, S. 373 (379).
[50]) *Fischerhof*, AcP 168, S. 108 (111) (Buchbesprechung).
[51]) *Hannak*, Verteilung, S. 19, 20.
[52]) *Hannak*, Verteilung, S. 51—58; *Hannak*, JBl. 1961, S. 537 (540).

Diese Ansicht führt zur rechtlichen Kanalisierung der Haftung auf den Inhaber der atomaren Anlage[53]).

2. *Stellungnahme*

a) Überbewertung

Die Auffassung Hannak's verleugnet die Bedeutung des menschlichen Handelns und läßt so den Menschen als einen Spielball der von ihm selbst geschaffenen gefährlichen Kräfte erscheinen. Hannak führt wortwörtlich aus: „Der Geschädigte wird nicht unmittelbar von einer menschlichen Handlung, sondern von einem technischen Vorgang angegriffen"[54]).

In dieser Überbewertung der technischen Vorgänge[55]) deckt sich Hannak's Auffassung durchaus mit dem Versuch, die rechtliche Kanalisierung aus der Gefährdungshaftung zu rechtfertigen.

Schon dazu wurde ausgeführt, daß es nicht möglich ist, menschliches Verhalten und technisches Verursachen in abstrakter Weise gegeneinander abzuwägen[56]).

Abgesehen von — seltenen — technischen Irrläufern ist das menschliche Handeln dem technischen Ablauf vorgegeben, mag dieser technische Vorgang auch nur programmiert werden.

b) Lücken

Darüber hinaus muß sich Hannak's Auffassung den Vorwurf gefallen lassen, den praktisch wichtigsten Fall der Haftung aus gefährlicher Kraft, die Kraftfahrzeughaftung, nicht erfassen zu können. Nur ein Teil der Kraftfahrzeughalter wird die entstandenen Schäden letztlich auf die Gemeinschaft verteilen können. Die wohl überwiegende Zahl der Kraftfahrzeughalter hat die Versicherungsprämien persönlich zu tragen.

C. Haftungsersetzung durch Versicherungsschutz

I. Haftungsübernahme

Wie das deutsche Atomrecht, so sehen auch alle untersuchten ausländischen Rechtsordnungen vor, daß der haftpflichtige Inhaber der Anlage eine Deckungsvorsorge für das atomare Risiko zu treffen habe. Diese Deckungsvorsorge durch den Abschluß einer Haftpflichtversicherung nachzuweisen, wird dem Inhaber der Anlage nur in der Schweiz zur Pflicht gemacht[58]). In den anderen untersuchten Rechtsordnungen kann die Deckungsvorsorge auch in anderer Form nachgewiesen werden[59]); das sind jedoch vereinzelte Fälle;

---

53) *Hannak*, Verteilung, S. 60 Fußnote 208.
54) *Hannak*, Verteilung, S. 20.
55) *Scheidwimmer*, VersR 1962, S. 677 (679).
56) s. oben, S. 111.
57) Titel eines Aufsatzes von *Sieg*, ZHR 113, S. 95.
58) s. oben, S. 96.
59) s. oben, S. 87, 90, 93.

in der Regel wird die Deckungsvorsorge durch den Abschluß eines Haftpflichtversicherungsvertrages erbracht.

Im Vordergrund dieser gesetzlichen Regelung steht der Schutz der Opfer. Ihre Regreßansprüche sollen gesichert werden. Daneben wirkt das Bestehen der Versicherung für den Inhaber der Anlage haftungsabwendend[60]); nicht der Inhaber, sondern die Versicherung hat den Schaden wirtschaftlich zu tragen. Aus diesem Grunde ist noch zu Beginn des 20. Jahrhunderts der Vorwurf erhoben worden, die Haftpflichtversicherung sei unmoralisch[61]), weil sie verhindere, daß der schuldhaft handelnde Schädiger zur Verantwortung gezogen werde, was ihn gleichgültig und nachlässig machen werde.

Die Möglichkeit, Schäden durch Versicherungen abzudecken, stellt das gesamte überkommene Haftpflichtrecht in Frage.

1. Verdrängender Haftungsersatz

Nahezu über die gesamte technisierte Welt wird heute die Frage diskutiert, ob auf dem Gebiete des Kraftfahrzeugrechtes die Haftungsbeziehung durch eine Versicherungsbeziehung ersetzt werden soll, so daß der Versicherer ohne Rücksicht auf eine Haftungsordnung leistet (verdrängender Haftungsersatz)[62]).

Die individuelle Haftungsordnung würde damit aufgehoben.

Diese Entwicklung kann sich auf alle gefährlichen Betriebe erstrecken, also auch auf nukleare Anlagen.

Sie würde indes nicht zu einer Kanalisierung der Haftung auf den Inhaber der Anlage, sondern auf die Versicherung führen.

2. Akzessorische Haftungsersetzung

Neben der das individuelle Haftungssystem verdrängenden Haftungsersetzung besteht jedoch die Möglichkeit, die Versicherung im Rahmen des individuellen Haftungssystems zu berücksichtigen (akzessorische Haftungsersetzung)[63]).

a) Haftpflichtverhältnis und Haftpflichtversicherungsverhältnis

Nach der überlieferten Auffassung hat das Bestehen einer Versicherung keinen Einfluß auf die Haftungsfrage. Ob der Versicherungsnehmer dem Dritten haftet, ist ausschließlich im Prozeß zwischen dem Dritten und dem Versicherungsnehmer zu entscheiden (Trennungsprinzip)[64]). Ob der Versicherer dem Versicherungsnehmer haftet, wird erst im Deckungsprozeß entschieden[65]).

---

60) *Sieg*, ZHR 113, S. 95 (102); *Fischerhof*, VersR 1966, S. 601 (603).
61) *Mosthaf*, VersR 1967, S. 197.
62) *Sieg*, ZHR 113, S. 95 (102); *v. Hippel*, Schadensausgleich bei Verkehrsunfällen, NJW 1967, S. 1729—1737.
63) *Sieg*, ZHR 113, S. 95 (102).
64) Ausnahme in § 3 Nr. 1 PflVG.
65) *Prölss*, 16. Aufl., Anm. 5 zu § 149, S. 544.

Wenn sich auch die Rechtskraft des Urteils im Haftpflichtprozeß in gewissem Umfange auf den Deckungsprozeß erstreckt[66]), so bedeutet das doch nicht, daß das Bestehen der Versicherung auf die Haftungsfrage einen Einfluß hätte. Vielmehr richtet sich der Deckungsanspruch umgekehrt nach dem Haftungsanspruch: „Der Deckungsanspruch ist nur der Schatten des Haftpflichtanspruches".[67])

Diese klare rechtstheoretische Trennung von Haftpflicht und Versicherung wird jedoch von der Rechtsprechung zunehmend vernachlässigt[68]).

aa) Rechtsprechung

Während die Rechtsprechung es früher ablehnte, das Bestehen einer Haftpflichtversicherung bei der Bemessung des Schmerzensgeldes zu berücksichtigen[69]), hat der Große Senat des Bundesgerichtshofes ausgesprochen, das Bestreben einer Versicherung sei zu beachten[70]). Der Versicherte haftet danach wirtschaftlich strenger als der Nichtversicherte.

Die gleichen wirtschaftlichen Ergebnisse zeitigt die Rechtsprechung zur Haftung bei einer Gefälligkeitsfahrt[71]).

Ebenfalls in dieser Weise wird man die neue Rechtsprechung des Bundesgerichtshofes zu § 708 BGB zu werten haben. Der Bundesgerichtshof versagt dem Gesellschafter, der beim Lenken eines Fahrzeuges fahrlässig einen Mitgesellschafter schädigt, das Haftungsprivileg dieser Norm. Dies wird aus der Entstehung und dem Zweck der Norm begründet[72]). Im Hintergrund der Entscheidung, mit der das Gericht seine frühere Rechtsauffassung geändert hat[73]), dürfte jedoch der Gedanke stehen, daß der Schädiger als Kraftfahrzeugführer versichert ist[74]).

Besonders deutlich geworden ist die Tendenz, den Versicherten schärfer haften zu lassen, durch Entscheidungen des Bundesgerichtshofes[75]) und des Bundesarbeitsgerichtes[76]) zur Haftung bei gefahrgeneigter Tätigkeit. Das Grundsatzurteil des Großen Senats des Bundesarbeitsgerichtes[77]) hatte die Haftung zwischen Arbeitskollegen unter der Voraussetzung der gefahrgeneigten Tätigkeit ausgeschlossen. Hingegen soll nach den erwähnten Entscheidungen der schädigende Arbeitnehmer dann haftpflichtig sein, wenn er versichert ist, weil die Haftung dann für ihn nicht unzumutbar sei.

---

66) *Prölss*, 16. Aufl., Anm. 5 zu § 149, S. 546, 547.

67) *Prölss*, Karlsruher Forum 1959, S. 41 (42).

68) *Hauß*, Festschrift für Möhring, S. 345 (352, 353); *v. Hippel*, Festschrift für Fritz v. Hippel, S. 233 (240—244); derselbe, VersR 1968, S. 231, 232; *Prölss*, 16. Aufl., Anm. 8 zu § 149, S. 548, 549.

69) *Prölss*, 16. Aufl., Anm. 8 zu § 149, S. 548, 549.

70) BGH 6. VII. 1955, BGHZ Bd. 18, S. 149 (165, 166).

71) BGH 5. III. 1963, BGHZ Bd. 39, S. 156 (158 f.); BGH 20. X. 1965, VersR 1966, S. 40 (41); BGH 13. VI. 1961, VersR 1964, S. 239 (240); *v. Hippel*, Festschrift für Fritz v. Hippel, S. 233 (240); *Hauß*, Festschrift für Möhring, S. 345 (352, 353); a. A. *Buchner*, VersR 1966, S. 1030 (1031, 1032).

72) BGH 20. XII. 1966, BGHZ Bd. 46, S. 313 (317, 318).

73) BGH 17. V. 1960, VersR 1960, S. 802.

74) *Hoffmann*, NJW 1967, S. 1207; *v. Hippel*, VersR 1968, S. 231.

75) BGH 1. IV. 1958, BGHZ Bd. 27, S. 62, 63.

76) BAG 14. II. 1958, JZ 1958, S. 411.

77) BAG GS 25. IX. 1957, BAGE Bd. 5, S. 1.

Diese Rechtsprechung[78]) hat zur Folge, daß der Versicherte für Risiken haftet, für die der Nichtversicherte nicht einzustehen braucht: die Versicherung wirkt haftungsbegründend[79]).

In einer Entscheidung aus dem Jahre 1968 hat der Bundesgerichtshof darauf hingewiesen, daß es sich bei den soeben zitierten Entscheidungen um systemwidrige, wenn auch begründete, Durchbrechungen des Grundsatzes, daß die Haftung unabhängig von dem Bestehen eines Versicherungsschutzes geprüft werden müsse, handele[80]).

bb) Schrifttum

Die Berücksichtigung des Bestehens einer Versicherung bei der Haftungsfrage wird aus dogmatischen Gründen von Prölss abgelehnt[81]). Prölss will diese Bedenken jedoch angesichts der Entwicklung, die die Rechtsprechung genommen hat, zurückstellen[82]).

Ablehnend haben sich auch Hoffmann[83]) und Buchner[84]) geäußert.

Begrüßt worden ist die Rechtsprechung hingegen von Böhmer[85]) und v. Hippel[86]). Für die Berücksichtigung der Versicherung im Rahmen der Haftung haben sich auch Weitnauer[87]) sowie v. Caemmerer[88]) ausgesprochen.

cc) Rechtsvergleichung

Besonders bemerkenswert ist es, daß auch in ausländischen Rechtsordnungen gleiche Tendenzen sichtbar werden. So gibt es eine rasch wachsende amerikanische Gerichtspraxis, die einem sonst haftungsfreien Schädiger eine Schadensersatzpflicht auferlegt, wenn er haftpflichtversichert ist[89]). Die gleiche Feststellung ist auch für Frankreich getroffen worden[90]). Schließlich kann auch in Österreich eine derartige Strömung bemerkt werden[91]).

dd) Stellungnahme

Mit der Berücksichtigung des Bestehens einer Versicherung wird das Schadensersatzrecht um ein Merkmal erweitert, das in keiner unmittelbaren Beziehung zur Begründung einer Schadensersatzpflicht steht. Dies ist bei den geltenden Haftungsprinzipien, ob es um die Verschuldenshaftung, die Gefährdungshaftung oder die Verantwortlichkeit für das Handeln Dritter geht, stets der Fall gewesen. Indes wird man auch diese hergebrachten Prinzipien

---

[78]) s. auch noch OVG Münster 5. III. 1965, VersR 1965, S. 965 (967, 968).
[79]) *Prölss*, Karlsruher Forum 1962, S. 25.
[80]) BGH 9. I. 1968, NJW 1968, S. 649 (650).
[81]) *Prölss*, Karlsruher Forum 1959, S. 41—43.
[82]) *Prölss*, Karlsruher Forum 1962, S. 25.
[83]) *Hoffmann*, NJW 1967, S. 1207 (Urteilsanmerkung).
[84]) *Buchner*, VersR 1966, S. 1030 (1032, 1033).
[85]) *Böhmer*, MDR 1959, S. 628 (629).
[86]) *v. Hippel*, Festschrift für Fritz v. Hippel, S. 233 (240, 241).
[87]) *Weitnauer*, Karlsruher Forum 1962, S. 3 (5).
[88]) *v. Caemmerer*, S. 49 (64).
[89]) *Ehrenzweig*, Ersatzrecht-Versicherung, S. 9 (17); derselbe, Full Aid Insurance, S. 17; *Stason-Estep-Pierce*, S. 575.
[90]) *Ehrenzweig*, Ersatzrecht-Versicherung, S. 9 (17); *v. Hippel*, Festschrift für Fritz *v. Hippel*, S. 233 (241 Fußnote 39).
[91]) *Gschnitzer*, § 40 B 9, S. 147.

nur dann richtig verstehen, wenn man sie als den Ausdruck eines Schadensordnungsrechtes sieht, welches den wirtschaftlichen Möglichkeiten und Erfordernissen der Zeit zu entsprechen hat.

So dient etwa das Verschuldensprinzip der wirtschaftlichen Bewegungsfreiheit, welche für die sich entwickelnde Industriegesellschaft des 19. und 20. Jahrhunderts von hoher Bedeutung war. Das Verschuldensprinzip stellte gegenüber der Verursachungshaftung eine äußerst bedeutsame Haftungseinschränkung dar. Wer darauf vertrauen darf, nur für vorwerfbare Handlungen regreßpflichtig gemacht zu werden, vermag sich viel freier zu betätigen, als derjenige, der auch dann haftet, wenn ihn kein Verschulden trifft.

So ist es auch zu erklären, daß die deutsche Rechtsprechung darauf beharrt, daß Gefährdungshaftung nur in den gesetzlich angeordneten Fällen stattfindet[92]).

Das Schadensrecht nach dem wirtschaftlich Möglichen auszurichten, ist legitim. Die Gesellschaft ist in ihrem Bestand weitgehend von der Wirtschaft abhängig. Dem hat sich auch das Interesse des Einzelnen anzupassen.

Dabei ist aber von dem Grundsatz auszugehen, die Interessen der Geschädigten in so weitem Umfange zu schützen, wie dies wirtschaftlich vertretbar ist. In diesem Rahmen ist die Möglichkeit, Haftpflichtrisiken zu versichern, ein Faktor, der zugunsten der Geschädigten berücksichtigt werden sollte. Dort, wo Versicherung möglich ist, kann sie deshalb auch zu einer Erweiterung der Haftpflichtrisiken eingesetzt werden.

Im Rahmen des Atomrechtes wird die Versicherung schon bisher von dem deutschen Gesetzgeber als ein wirtschaftliches Mittel eingesetzt, um die Haftpflichtrisiken tragbar zu machen. Dann aber sollte es auch — im Sinne eines den jeweiligen wirtschaftlichen und sozialen Verhältnissen der Zeit entsprechenden Schadensersatzrechtes — möglich sein, die Versicherung als ein haftungsbegründendes Tatbestandsmerkmal anzuerkennen.

b) Folgerung

Der versicherte Inhaber der Anlage haftet auf Grund dieses Prinzips für Schäden, für die er nach allgemeinen Grundsätzen nicht einzustehen brauchte[93]). Der Inhaber der Anlage kann für das Verschulden aller dritten Personen einstehen, weil er versichert ist.

Die Tatsache, daß die dritten Personen in die Haftpflichtversicherung des Inhabers der Anlage eingeschlossen sind, bietet andererseits die Möglichkeit, sie von der Haftung in der vorgesehenen Form auch rechtlich freizustellen.

Auf diese Möglichkeit hat Möller[94]) im Zusammenhang mit der Speditionsversicherung bereits im Jahre 1934 aufmerksam gemacht. Diese beruht auf dem Gedanken, daß der Schädiger sich weitgehend von der Haftung freistellen kann, wenn er eine Versicherung für fremde Rechnung zugunsten

---

92) GS BAG 10. II. 1961, BB 1962, S. 178.

93) *Sieg*, ZHR 113, S. 95 (99, 100, 117, 118); *Frey*, Karlsruher Forum 1964, S. 29 (32); *Ehrenzweig*, Ersatzrecht-Versicherung, S. 17; *R. Schmidt*, Karlsruher Forum 1964, S. 42.

94) *Möller*, JW 1934, S. 1076 (1079, 1080); siehe auch *Sieg*, ZHR 113, S. 95 (104, 117); derselbe, Ausstrahlungen, S. 265—268 mit ausführlicher Darstellung des Meinungsstandes.

des Geschädigten abschließt und auf diese Weise dessen Ansprüche sicherstellt. Möller ist für die Ausdehnung dieser der Speditionsversicherung zugrunde liegenden rechtlichen Konstruktionen auf die Autohaftpflichtversicherung eingetreten. Das zeigt, daß dieser Vorstellung der allgemeine Gedanke zugrunde liegt, die Schadensersatzordnung habe in erster Linie den Ersatz des Schadens sicherzustellen. Ist dies geschehen, so ist eine persönliche Inanspruchnahme des Schädigers aus zivilrechtlichen Gründen nicht erforderlich.

Aus diesem Grunde ist es rechtlich zu begründen, daß Dritte im Rahmen der rechtlichen Kanalisierung von der Haftung für Fahrlässigkeit freigestellt werden. Wenn sie für Vorsatz haftbar bleiben sollen, so entspricht dies der Vorstellung, daß insoweit das Zivilrecht auch eine Sühnefunktion haben solle. Dies wird man vor allem aus versicherungswirtschaftlichen Gründen (Rückgriff) zu begrüßen haben, denn andererseits könnte das Bestehen der Versicherungsmöglichkeit überhaupt gefährdet werden.

II. Zusammenfassung

Das Bestehen einer Versicherung vermag die rechtliche Kanalisierung zu begründen. Hauss hat — allerdings ohne auf Einzelheiten einzugehen — darauf hingewiesen, die Einführung der rechtlichen Kanalisierung würde den Abschluß einer Entwicklung bedeuten, die Schadenshaftung von versicherungsrechtlicher Deckung abhängig zu machen[95]).

Indes bleiben dennoch Fragen offen: Warum hat der Inhaber der Anlage die Haftpflichtversicherung abzuschließen? Warum werden die Schadensersatzansprüche gegen Dritte in diese Versicherung einbezogen? Läßt sich die rechtliche Kanalisierung auch dann rechtfertigen, wenn die Deckungsvorsorge in anderer Form als durch Abschluß einer Versicherung nachgewiesen wird?

D. Zurechnung des Schadensrisikos an den Nutznießer fremder gefahrbehafteter Tätigkeit

Die Zurechnung des Schadensrisikos an den Nutznießer fremder gefahrbehafteter Tätigkeit ist — wie im Verlaufe dieser Untersuchung mehrfach herausgestellt — ein allgemeines Prinzip der deutschen Rechtsordnung.

Wer einen Schaden bei einer gefahrbehafteten Tätigkeit erleidet, die er zum Nutzen eines anderen ausführt, kann von dem anderen den Ersatz dieses Schadens verlangen. Der innere Grund für dieses Prinzip liegt darin, daß derjenige, der den Vorteil aus einer fremden Tätigkeit zieht, auch das mit dieser offensichtlich verbundene Risiko zu tragen hat.

Dieses Zurechnungsprinzip liegt einer Mehrzahl der Fälle tatsächlicher, wirtschaftlicher und rechtlicher Kanalisierung des deutschen Rechtes zugrunde. So ist dargetan worden, daß die rechtliche Regelung nahezu aller Fälle der tatsächlichen Kanalisierung unter diesem Grundsatz zusammengefaßt werden kann[96]); der wichtigste Fall der wirtschaftlichen Kanalisierung, die Haftung für gefahrgeneigte Tätigkeit, wie auch der rechtlichen

[95]) *Hauss*, ZVersWiss. 1967, S. 151 (154).

[96]) s. oben, S. 27, 29, 30, 31, 34, 35.

Kanalisierung, die Haftung für Amtspflichtverletzungen, werden ebenfalls davon erfaßt[97]). Das gleiche gilt für die wirtschaftliche Kanalisierung im deutschen Atomrecht[98]).

1. Vertraglich verbundene Personen

Auch einer rechtlichen Kanalisierung der Haftung für das deutsche Atomrecht läge dieses Prinzip in weitem Maße zugrunde.

Es kann hier auf die Begründung verwiesen werden, die bereits bei der wirtschaftlichen Kanalisierung der Haftung im Atomrecht gegeben wurde[99]): Da das besondere Schadensrisiko für die Mitarbeit an atomaren Anlagen nicht von dem Inhaber der Anlage entgolten wird, ist es gerechtfertigt, daß der Inhaber dieses Risiko übernimmt. Deshalb kann ihm die Verschuldenshaftung aller derjenigen Personen zugerechnet werden, die an atomaren Anlagen in der weitesten Form mitwirken.

2. Sonstige Personen

Die Pariser Konvention sieht die rechtliche Kanalisierung der Haftung aller Personen auf den Inhaber der Anlage vor. Es werden also auch diejenigen Dritten erfaßt, die in keiner wirtschaftlichen Beziehung zu dem Inhaber der Anlage stehen, etwa der Halter des abstürzenden Flugzeuges oder der Industriespion.

Für diese Personen kann allerdings das Prinzip der Zurechnung eines Schadens an den Nutznießer fremder gefahrbehafteter Tätigkeit nicht angewandt werden, denn insoweit mangelt es aller Voraussetzungen. In diesem Rahmen bleibt die rechtliche Kanalisierung für das deutsche Recht eine nicht zu begründende Ausnahme, die sachlich allerdings durch das überwiegende Interesse der Geschädigten an einem Schadensersatz gerechtfertigt wird.

3. Zusammenfassung

Die rechtliche Kanalisierung ist die konsequenteste Durchführung des Prinzips der Zurechnung eines Schadens an den Nutznießer fremder Tätigkeit; nicht nur nach innen, auch nach außen haftet allein der Nutznießer fremder gefahrbehafteter Tätigkeit.

Die äußerste Konsequenz kann aber nur dann gewählt werden, wenn der Schutz des Geschädigten gesichert ist. Das zeigt die Regelung der Haftung für Amtspflichtverletzungen ebenso wie auch die Rechtsprechung des Bundesarbeitsgerichtes zur Haftung unter Arbeitskollegen.

Da dieser Schutz auch im Atomrecht durch die dem Inhaber auferlegte Deckungsvorsorge gewährleistet wird, kann auch im Atomrecht die Haftung rechtlich kanalisiert werden. Formal wird die Rechtsstellung des Geschädigten zwar beeinträchtigt, nicht aber nach der Substanz. Wird die Haftung rechtlich auf den Inhaber kanalisiert, so wird der Geschädigte stets Ersatz verlangen können. Der Ersatzanspruch des Geschädigten muß dabei aber

---

97) s. oben, S. 46—48, 61, 65.
98) s. oben, S. 74—75.
99) s. oben, S. 74—75.

derart ausgestaltet sein, daß er jeden Schaden umfaßt, den der Geschädigte nach geltendem Recht von den Schädigern verlangen kann.

Da der Anspruch aus Verschuldenshaftung schon nach geltendem deutschem Atomrecht der Höhe nach begrenzt ist, wäre insoweit keine Änderung erforderlich. Wohl aber müßte der Anspruch gegen den Inhaber auch ein Schmerzensgeld gewähren[100]); die Erstreckung des Schmerzensgeldes auch auf Ansprüche aus Gefährdungshaftung ist bereits im Referentenentwurf vorgeschlagen worden[101]). Da schon der Anspruch aus Verschuldenshaftung der Höhe nach begrenzt ist, müßte dies erst recht auch für den aus Gefährdungshaftung zu gewährenden Schmerzensgeldanspruch gelten.

2. KAPITEL: RECHTLICHE KANALISIERUNG AUF DEN STAAT

Die Pariser Konvention überläßt die Form der staatlichen Beteiligung an dem nicht versicherbaren Risiko dem einzelnen Staat[102]). Es wird lediglich vorgeschrieben, daß das Risiko bis zur Höhe von 70 Millionen Rechnungseinheiten durch staatliche Mittel abgedeckt werden soll. Ob der Geschädigte einen Direktanspruch gegen den Staat haben soll oder der Staat lediglich zur Freistellung verpflichtet bleiben soll, das wird offen gelassen. Die rechtsvergleichende Darstellung hat gezeigt, daß die einzelnen Staaten hier unterschiedliche Wege beschritten haben[103]).

Dogmatische Gründe würden es ratsam erscheinen lassen, die Haftung für das nicht versicherbare Risiko auch rechtlich und nicht nur wirtschaftlich auf den Staat zu kanalisieren. Auch hier wirkt nämlich das Prinzip der Zurechnung eines Schadensrisikos für fremde Tätigkeit an den Nutznießer. Wie wiederholt betont, hat der Staat ein überwiegendes Interesse daran, daß die Privatwirtschaft die Nutzung der Atomenergie fördert und betreibt. Da der Anspruch gegen den Staat auch in jedem Fall gesichert ist, hätte man im Sinne dieser Untersuchung dafür einzutreten, daß die Haftung auch rechtlich auf den Staat kanalisiert wird, wie das beispielsweise in der Schweiz geschehen ist[104]).

Dennoch kann dieser Standpunkt aus praktischen Gründen nicht eingenommen werden. Die rechtliche Kanalisierung der Haftung auf den Staat schafft für den Geschädigten die große Schwierigkeit, daß er nicht weiß, an wen er sich halten soll, an den Inhaber der Anlage, weil sein Schaden noch innerhalb des versicherbaren Risikos liegt, oder schon an den Staat, weil sein Schaden nicht mehr von der Versicherung gedeckt wird. Ein Hauptziel der Einführung der rechtlichen Kanalisierung, nämlich die Haftungslage einfach zu gestalten, würde dabei in Gefahr geraten. Deshalb sollte man es in diesem Rahmen bei der wirtschaftlichen Kanalisierung belassen[105]).

---

100) *Weitnauer*, Atomhaftungsrecht, S. 149; *Mosthaf*, VersR 1967, S. 197 (201).
101) s. oben, S. 41 Fußnote 14); *Lehmhöfer*, VersR 1967, S. 1126 (1134, 1135).
102) *Weitnauer*, Atomhaftungsrecht, S. 143.
103) s. oben, S. 90, 93, 95, 96, 165.
104) *Belser*, Atomversicherungsrechtliche Fragen, S. 72—78.
105) *Weitnauer*, Atomhaftungsrecht, S. 144.

LITERATURVERZEICHNIS

(zugleich Zitierschlüssel)

Bartholomeyczik	Die Kunst der Gesetzesauslegung, 2. Auflage, Frankfurt a. M. 1960.
Baur	Zur dogmatischen Einordnung der Haftung für Verrichtungsgehilfen, Karlsruher Forum 1962 S. 14—16.
Belser	Atomversicherungsrechtliche Fragen unter Berücksichtigung der internationalen Konventionen, Göttingen 1963.
Berger	Ist die rechtliche Kanalisierung der Haftung auf den Betreiber einer Kernanlage nicht dogmatisch zu begründen? VersR 1967 S. 114, 115.
Bettermann	Rechtsgrund und Rechtsnatur der Staatshaftung, DÖV 1954 S. 299—305.
Bettermann	Vom Sinn der Amtshaftung, JZ 1961 S. 482, 483.
BGB-RGRK	Das Bürgerliche Gesetzbuch mit besonderer Berücksichtigung der Rechtsprechung des Reichsgerichts und des Bundesgerichtshofes, Kommentar herausgegeben von den Reichsgerichtsräten, II. Bd., 1. Teil, Einzelne Schuldverhältnisse, §§ 433—704, 11. Auflage, Berlin 1959. II. Bd., 2. Teil, Einzelne Schuldverhältnisse, §§ 705—853, 11. Auflage, Berlin 1960.
Böhmer (Reichshaftpflichtgesetz)	Das Reichshaftpflichtgesetz, Berlin 1950.
Böhmer	Hat das Bestehen einer Haftpflichtversicherung Einfluß auf die Höhe des Schadensersatzanspruches, MDR 1959 S. 628, 629.
Buchner	Der Versicherungsgedanke im Schadensrecht, VersR 1967 S. 1030—1033.
Butz	Schadenshaftung des Arbeitnehmers, DB 1950 S. 614—615.
Buxbaum	Solidarische Schadenshaftung bei ungeklärter Verursachung im deutschen, französischen und angloamerikanischen Recht, Karlsruhe 1965.
v. Caemmerer	Wandlungen des Deliktsrechtes, in: Festschrift zum hundertjährigen Bestehen des Deutschen Juristentages, Bd. II S. 49 bis 136, Karlsruhe 1964.
Canaris	Die Feststellung von Lücken im Gesetz, Berlin 1964.

Cavers Improving Financial Protection of the Public against the Hazards of Nuclear Power, Harvard Law Review 1964 S. 644—688.

Delius Die Beamtenhaftpflichtgesetze des Reiches und der Länder, 3. Auflage, Berlin, Leipzig 1921.

v. Dem Hagen-Sieveking Rechtsprobleme im Zusammenhang mit dem Betrieb von Atomschiffen, MDR 1961 S. 274—280.

Denecke Die Frage der Beschränkung der Haftung des Arbeitnehmers, RdA 1952 S. 209—212.

Dernburg Pandekten, Bd. I, 5. Auflage, Berlin 1896.

Deutsch Abschied von der culpa in concreto? JuS 1967 S. 496—499.

Devrient La responsabilité civile et l'assurance à raison du risque nucléaire, These de licence et de doctorat, Geneve 1964.

Edlbacher Zur geplanten Erweiterung der Haftung für den Besorgungsgehilfen und den Inhaber einer gefährlichen Anlage in Österreich, Karlsruher Forum 1962 S. 17—22.

Edlbacher Bedeutet die Kanalisierung der Haftung im Atomenergierecht einen Wendepunkt? ÖJZ 1967 S. 477—483.

Ehrenzweig, Albert A. Full Aid Insurance for the Traffic Victim, Berkeley and Los Angeles 1954.

Ehrenzweig, Albert A. Ersatzrecht-Versicherung, in: Internationales Versicherungsrecht, Festschrift für Albert Ehrenzweig S. 9—25, Karlsruhe 1955.

Ehrenzweig, Albert A. Versicherung als Haftungsgrund, JBl. 1950 S. 253—258.

Elsner Die Haftung für Kernenergieschäden nach dem Bundesatomgesetz, ungedruckte Dissertation, Hamburg 1960.

Enneccerus-Lehmann Lehrbuch des Schuldrechtes, 15. Bearbeitung, Tübingen 1958.

Erler (Herausgeber) Internationale Atomhaftungskonventionen, Textsammlung deutsch, englisch, französisch, Göttingen 1964.

Erman (Herausgeber) Handkommentar zum BGB, Bd. I, 3. Auflage, Münster/Westfalen (1962), 4. Auflage, Münster/Westfalen (1967).

Esser Schuldrecht, 2. Auflage, Karlsruhe 1960.

Esser (Grundlagen) Grundlagen und Entwicklung der Gefährdungshaftung, München und Berlin 1941.

Esser Das Atomrisiko in der Privatwirtschaft, FAZ vom 10. XI. 1956 S. 3.

Esser Die Eingriffshaftung als Eindringling im Haftpflichtrecht, Karlsruher Forum 1959 S. 39—41.

Esser (Rechtssoziologie) Rechtssoziologie, in: Handwörterbuch der Sozialwissenschaften, Bd. 8, S. 762—768, Stuttgart, Tübingen, Göttingen 1964.

Fischerhof I Deutsches Atomgesetz und Strahlenschutzrecht, Kommentar, Bd. I, Baden-Baden, Bonn 1962.

Fischerhof II Deutsches Atomgesetz und Strahlenschutzrecht, Kommentar, Bd. II, Baden-Baden 1966.

Fischerhof Das Problem einer dogmatischen Begründung der rechtlichen Kanalisierung der Haftung auf den Betreiber einer Kernanlage, VersR 1966 S. 601—604.

Forsthoff Lehrbuch des Verwaltungsrechtes, Erster Band, Allgemeiner Teil, 9. Auflage, München und Berlin 1966.

Forsthoff (Rechtsfragen) Rechtsfragen der leistenden Verwaltung, Stuttgart 1959.

Frey Die wirtschaftlichen Beziehungen zwischen dem Haftpflichtrecht und der Haftpflichtversicherung, Karlsruher Forum 1964 S. 29—33.

Gaul Zur Haftung des Arbeitnehmers bei schadensgeneigter Arbeit, DB 1958 S. 1011—1015.

Gaul Die Haftung des Arbeitnehmers und des Arbeitgebers in Fällen schadensgeneigter Arbeit, DB 1962 S. 166—169.

Geigel Der Haftpflichtprozeß mit Einschluß des materiellen Haftpflichtrechtes, 13. Auflage, München und Berlin 1967.

O. v. Gierke Die soziale Aufgabe des Privatrechtes, Berlin 1889.

Giesecke Rechtsfragen der Atomenergie, Karlsruhe 1956.

Gotzen-Doetsch Kommentar zur Unfallversicherung, Berlin-Spandau, Neuwied am Rhein 1963.

Gschnitzer Lehrbuch des österreichischen bürgerlichen Rechts, Schuldrecht, Besonderer Teil und Schadenersatz, Wien 1963.

Gumpert Wann muß der Arbeitgeber von Schadensersatzpflichten gegenüber Dritten freistellen, BB 1955 S. 480—483.

Hagmaier Die Problematik der Deckungsvorsorge im künftigen Atomrecht, in: Gesamtverband der Versicherungswirtschaft e. V., Niederschrift über die Neunzehnte Ordentliche Mitgliederversammlung in Hamburg S. 35—41, Hamburg 1967.

Hannak (Verteilung) Die Verteilung der Schäden aus gefährlicher Kraft, Tübingen 1960.

Hannak Die Kanalisierung der Haftung, JBl. 1961 S. 537—542.

Haunschild Das amerikanische Atomhaftungsgesetz, VW 1957 S. 610—614.

Hauss Der Haftpflichtschutz des Kraftfahrzeuginsassen, in: Festschrift für Philipp Möhring S. 345—362, München und Berlin 1965.

Hauss Entwicklungslinien des Schadensersatzrechtes, ZVersWiss 1967 S. 151—168.

Heck Begriffsbildung und Interessenjurisprudenz, Tübingen 1932.

Heimbücher Die Stellung des Arbeitnehmers in der Haftpflichtversicherung, VW 1962 S. 596—599.

Helm Der arbeitsrechtliche Freistellungsanspruch, AcP 160 S. 134 bis 155.

Hemsen Der allgemeine bürgerlich-rechtliche Aufopferungsanspruch, Dissertation, Hamburg 1961.

Henessey — Indemnification of the U.S. Atomic Energy Commission's Contractors against Liability for Nuclear Incidents, in: Weinstein S. 252—271.

Herschel — Das Unternehmerwagnis im Arbeits- und Wirtschaftsrecht, Jherings Jahrbuch, Bd. 90 S. 145—188.

Eike *v. Hippel* — Die Haftung bei Gefälligkeitsfahrten, in: Festschrift für Fritz v. Hippel S. 233—244, Tübingen 1967.

Eike *v. Hippel* — Nochmals: Der Versicherungsgedanke im Schadensrecht, VersR 1968 S. 231, 232.

Huber — Die Haftung des Geschäftsherren für schuldlos erlittene Schäden des Geschäftsführers beim Auftrag und bei der berechtigten Geschäftsführung ohne Auftrag, Dissertation, München 1965.

Hueck-Nipperdey — Lehrbuch des Arbeitsrechtes, Erster Band von Alfred Hueck, 7. Auflage, Berlin und Frankfurt a. M. 1963.

Ipsen — Öffentliche Subventionierung Privater, Berlin-Köln 1956.

Isele — Die Haftung des Arbeitgebers für Sachschäden des Arbeitnehmers, JuS 1962 S. 185—188.

Isele — Das Arbeitsverhältnis in der Zivilrechtsordnung, Juristenjahrbuch 8, 1967/1968 S. 63—78.

Jaspers — Die Atombombe und die Zukunft des Menschen, München 1958.

Jhering — Das Schuldmoment im römischen Privatrecht, Gießen 1867.

Kanno — Gefährdungshaftung und rechtliche Kanalisierung im Atomrecht, Düsseldorf (1967).

Kaser — Das Römische Privatrecht, Erster Abschnitt, München 1955.

Kaskel-Dersch — Arbeitsrecht, 5. Auflage, Berlin, Göttingen, Heidelberg 1957.

Klang (Herausgeber) — Kommentar zum Allgemeinen bürgerlichen Gesetzbuch, Sechster Band §§ 1293—1502, 2. Auflage, Wien 1951.

Klingsporn — Die Haftung für Atomschäden, DRiZ 1961 S. 106—112.

Körber — Atomenergieverwaltung im Ausland, Göttingen 1959.

Krüger — Allgemeine Staatslehre, 2. Auflage, Stuttgart, Berlin, Köln, Mainz 1966.

Kruse — Atomenergierecht, Kommentar zum Atomgesetz, Herne-Berlin 1961.

Larenz (Methodenlehre) — Methodenlehre der Rechtswissenschaft, Berlin, Göttingen, Heidelberg 1960.

Larenz (Schuldrecht I) — Lehrbuch des Schuldrechts, 1. Bd., Allgemeiner Teil, 9. Auflage, München 1968.

Larenz (Schuldrecht II) — Lehrbuch des Schuldrechts, 2. Bd., Besonderer Teil, 8. Auflage, München und Berlin 1967.

Larenz (Allgemeiner Teil) — Allgemeiner Teil des Deutschen Bürgerlichen Rechts, München 1967.

Larenz — Die Prinzipien der Schadenszurechnung, Ihr Zusammenspiel im modernen Schuldrecht, JuS 1965 S. 373—379.

Lauterbach II Unfallversicherung, Bd. II, 3. Auflage, Stuttgart 1963.

Lemhöfer Viel Licht, mancher Schatten. Zum Referentenentwurf eines Gesetzes zur Änderung und Ergänzung schadensersatzrechtlicher Vorschriften, VersR 1967 S. 1126—1136.

Leonhard Besonderes Schuldrecht des BGB, 2. Bd., München und Leipzig 1930.

Llewellyn A Realistic Jurisprudence — The Next Step, Columbia Law Review 30 (1930) S. 431—465, übersetzt von Rehbinder und Sedatis, in: Studien und Materialien zur Rechtssoziologie S. 54 bis 86, Köln und Opladen 1967.

Lowenstein Indemnification against Liability for Nuclear Incidents in Licensed Atomic Energy Activities, in: Weinstein S. 237—251.

v. Mangoldt-Klein Das Bonner Grundgesetz, Bd. II, 2. Auflage, Berlin und Frankfurt a. M. 1966.

Marks (Herausgeber) Progress in Nuclear Energy, Volume 1—2, London, New York, Paris, Los Angeles 1959.

Mattern-Raisch Atomgesetz, Kommentar, Berlin und Frankfurt a. M. 1961.

Mayer-Maly Arbeitsrecht und Privatrechtsordnung, JZ 1961 S. 205—209.

Mazeaud-Tunc Responsabilité civile, Bd. II, 5. Auflage, Paris 1958.

Meinert Zur Frage der Haftung bei schadensgeneigter Arbeit unter Berücksichtigung der Gefährdungshaftung, DB 1958 S. 1328, 1329.

Möller Summen- und Einzelschaden, Hamburg 1937.

Möller Die Überwindung der Haftpflichtversicherung, JW 1934, S. 1076—1080.

Möller Ist die Einführung eines eigenen Rechts des Drittgeschädigten gegen den Haftpflichtversicherer, insbesondere in der Krafthaftpflichtversicherung empfehlenswert, ZVersWiss 1963 S. 409—470.

Moser Das Atomhaftpflichtgesetz, Wien 1964.

Mosthaf Wirtschaftlich oder rechtlich kanalisieren, VersR 1967 S. 197 bis 202.

Motive zum BGB II Motive zu dem Entwurf eines bürgerlichen Gesetzbuches für das deutsche Reich, Bd. II, Recht der Schuldverhältnisse, Berlin und Leipzig 1888.

Müller-Erzbach Gefährdungshaftung und Gefahrtragung, AcP 106 S. 309 bis 476.

Mugdan II Die gesammelten Materialien zum BGB für das deutsche Recht, II. Bd., Recht der Schuldverhältnisse, Berlin 1899.

Murphy The Problem of Lability for Atomic Accidents and Insurance against Them, in: Marks S. 58—85.

Neumann-Duesberg Das Haftungsbeschränkungsprinzip bei schadensgeneigter Tätigkeit außerhalb des Arbeitsverhältnisses, JZ 1964 S. 433 bis 441.

Nikisch Arbeitsrecht, Erster Band, 3. Auflage, Tübingen 1961.

Oftinger — Schweizerisches Haftpflichtrecht, 1. Bd., Allgemeiner Teil, 2. Auflage, Zürich 1958.

Palandt (Herausgeber) — Bürgerliches Gesetzbuch, 27. Auflage, München 1968.

Pelzer — Die rechtliche Kanalisierung der Haftung auf den Inhaber einer Atomanlage — ein juristischer und wirtschaftlicher Fehlgriff, VersR 1966 S. 1010—1014.

Peters — Kritische Betrachtung der höchstrichterlichen Rechtsprechung zur schadensgeneigten Arbeit unter beesonderer Berücksichtigung versicherungsrechtlicher Fragen, Dissertation, Köln 1963.

Piérard — Responsabilité civile, énergie atomique et droit comparé, Bruxelles 1963.

Prölss — Versicherungsvertragsgesetz, 16. Auflage, München und Berlin 1967.

Prölss — Haftpflichtversicherung als Haftpflichttatbestand, Karlsruher Forum 1959 S. 41—43.

Prölss — Diskussionsbeitrag zum Thema: Zur Fortentwicklung des Haftungsrechtes, Karlsruher Forum 1962 S. 25.

Protokolle zum BGB II — Protokolle der Kommission für die zweite Lesung des Entwurfes des Bürgerlichen Gesetzbuches, Bd. II, Recht der Schuldverhältnisse, Abschn. II, Tit. 2—20, Abschn. III, IV, Berlin 1968.

Referentenentwurf I — Referentenentwurf eines Gesetzes zur Änderung und Ergänzung schadensersatzrechtlicher Vorschriften, I, Wortlaut, Karlsruhe 1967.

Referentenentwurf II — Referentenentwurf eines Gesetzes zur Änderung und Ergänzung schadensersatzrechtlicher Vorschriften, II, Begründung, Karlsruhe 1967.

Reg.Begründung zum AtomG — Begründung zum Regierungsentwurf eines Gesetzes über die friedliche Verwendung der Kernenergie und den Schutz gegen ihre Gefahren (Atomgesetz), BT-Drucksache III/759.

Reuss — Die Bedeutung des Sozialstaatsprinzipes, Stuttgart 1960.

Reuss — Zur Reform des § 839 BGB, JR 1955 S. 94—95.

Rosenberg — Lehrbuch des Deutschen Zivilprozeßrechtes, 9. Auflage, München und Berlin 1961.

Rother — Haftungsbeschränkung im Schadensrecht, München und Berlin 1965.

Rümelin — Die Gründe der Schadenszurechnung und die Stellung des deutschen bürgerlichen Gesetzbuches zur objektiven Schadensersatzpflicht, Freiburg und Leipzig 1896.

Schaeffer — Französische Rechtsprechung zum Schadensersatzrecht 1955 bis 1960, RabelsZ 28 (1964) S. 676—710.

Schaps-Abraham — Das deutsche Seerecht, Kommentar und Materialsammlung, 3. Auflage, 2. Bd., Berlin 1962.

Scheidwimmer — Die Haftung für Atomschäden und ihre Deckung in rechtspolitischer Sicht, VersR 1962 S. 677—683.

Scheuner Probleme der staatlichen Schadenshaftung nach deutschem Recht, DÖV 1955 S. 545—550.

Schindel Die Haftung für Atomschäden, Göttingen 1964.

Schlegelberger Handelsgesetzbuch, Bd. 4, 4. Auflage, Berlin und Frankfurt a. M. 1966.

R. Schmidt Diskussionsbeitrag zum Thema: Die wirtschaftlichen Beziehungen zwischen dem Haftpflichtrecht und der Haftpflichtversicherung, in: Karlsruher Forum 1964 S. 42.

Schulz Erich H. Schulz, Vorkommnisse und Strahlenunfälle in kerntechnischen Anlagen — Aus 20 Jahren internationaler Erfahrung, München 1966/1967.

Seiler Die deliktische Gehilfenhaftung in historischer Sicht, JZ 1967 S. 525—529.

Sieg (Ausstrahlungen) Ausstrahlungen der Haftpflichtversicherung, Hamburg 1952.

Sieg Haftungsersetzung durch Versicherungsschutz, ZHR Bd. 113 (1950) S. 95—118.

Soergel-Siebert (Herausgeber) Bürgerliches Gesetzbuch mit Einführungsgesetz und Nebengesetzen,
I. Bd., Allgemeiner Teil,
Recht der Schuldverhältnisse,
Allgemeiner Teil, §§ 1—432,
9. Auflage, Stuttgart 1959.
II. Bd., Einzelne Schuldverhältnisse,
§§ 433—853, 9. Auflage, Stuttgart 1962.
Schuldrecht I (§§ 241—610), 10. Auflage, Stuttgart, Berlin, Köln, Mainz 1967.

Stason-Estep-Pierce Atoms and the Law, Ann Arbor 1959.

Staudinger (Herausgeber) Kommentar zum BGB mit Einführungsgesetz und Nebengesetzen,
II. Bd., Recht der Schuldverhältnisse, Teil 1 c, §§ 249—327, 10./11. Auflage, Berlin 1967.
II. Bd., Recht der Schuldverhältnisse, Teil 3, §§ 611—704, 11. Auflage, Berlin 1958.

Steindorff Fahrlässigkeit der Arbeitnehmer, JZ 1959 S. 1—9.

Steindorff Wertersatz für Schäden als Aufwendungsersatz im Arbeits- und Handelsrecht, in: Vom Deutschen zum Europäischen Recht, Festschrift für Hans Dölle I S. 273—294, Tübingen 1963.

Stern Rechtsfragen der öffentlichen Subventionierung Privater, JZ 1960 S. 518—525, S. 557—562.

Trevor and *Evans* The United Kingdom Legislation, in: Weinstein S. 289—305.

Verhandlungen Verhandlungen des 17. deutschen Juristentages I (Gutachten), II (Stenographische Berichte), Berlin 1884.
Verhandlungen des 18. deutschen Juristentages I (Gutachten), II (Stenographische Berichte), Berlin 1886.

Wagner	Amts- oder Fiskalhaftung, JZ 1967 S. 245—250.
Weinstein (Herausgeber)	Progress in Nuclear Energy, Volume 3, Oxford, London, New York, Paris 1962.
Weitnauer (Atomhaftungsrecht)	Das Atomhaftungsrecht in nationaler und internationaler Sicht, Göttingen 1964.
Weitnauer	Die Haftpflichtproblematik des Atomrisikos, Karlsruher Forum 1960 S. 8—13.
Weitnauer	Die Deckung des nuklearen Risikos, DB 1960 S. 283—287.
Weitnauer	Die Kanalisierung der Haftung im Versicherungsrecht, DB 1961 S. 666—668.
Weitnauer	Grundsätze der Haftung, Karlsruher Forum 1962 S. 3—13.
v. Weizsäcker, C. F.	Atomenergie und Atomzeitalter, Frankfurt a. M. 1957.
Westermann	Haftung für fremdes Handeln, JuS 1961 S. 333—343, S. 382 bis 387.
Wilburg (Elemente)	Die Elemente des Schadenrechts, Marburg 1941.
Wilburg	Zusammenspiel der Kräfte im Aufbau des Schuldrechtes, AcP 163 S. 346—379.
Wolff I	Verwaltungsrecht I, 7. Auflage, München 1968.
Wolff III	Verwaltungsrecht III, München und Berlin 1966.
Wussow	Die Verteilung der Haftpflicht zwischen Betriebsführer und Gefolgschaftsmitglied, DR 1941, S. 2085—2088.

ABKÜRZUNGEN

Hinsichtlich der Abkürzungen wird verwiesen auf: KIRCHNER, Abkürzungsverzeichnis der Rechtssprache, 2. Auflage, Berlin 1968.

FSC
www.fsc.org
MIX
Papier | Fördert gute Waldnutzung
FSC® C083411

Kolibri 360 GmbH
Ferdinand-Jühlke-Straße 7
99095 Erfurt, Deutschland
produktsicherheit@kolibri360.de